# ANDREA ANGIUS

# FARE SOLDI CON AIRBNB

## Guida Strategica Per Guadagnare Con Gli Affitti A Breve e Generare Reddito Nel Settore Micro-Ricettivo

Titolo

"FARE SOLDI CON AIRBNB"

Autore

Andrea Angius

Editore

Bruno Editore

Sito internet

http://www.brunoeditore.it

# Sommario

*Per mio figlio Alessio, che
non ama perdere e alla mia mamma, che
sarebbe orgogliosa di questo primo libro.*

*Non esiste vento favorevole per il marinaio
che non sa dove andare.*

(Seneca)

# Introduzione

Si, lo ammetto, da bambino giocavo a Monopoly. Ricordo che il gioco mi appassionava e spesso vincevo. Lo scopo, se non ricordo male, era quello di comprare lotti, costruire case e alberghi al fine di trarne un profitto e tutto iniziava proprio dagli affitti.

Ho scoperto che non ero l'unico ad amare questo classico dei giochi da tavolo. Dagli anni trenta Monopoly sembra essere il gioco di contrattazione più famoso al mondo ma non solo. Lo scopo è realizzare un sogno: diventare albergatori.

Il gioco inizia con l'acquisto di un piccolo terreno che si mette a reddito per un po' e poi si corre per iniziare a costruire case con l'intento di trasformarle in alberghi. In questi dieci anni di carriera nel settore immobiliare, ho scoperto che costruire un albergo è il sogno di molti e anche il punto di arrivo d'imprenditori, professionisti e personaggi pubblici che hanno fatto strepitose carriere in altri settori.

Penso che questo desiderio sia guidato da ragioni più profonde di quelle economico-finanziarie. Persone intelligenti e brillanti, che hanno accumulato grandi patrimoni, sanno bene che possedere un albergo di successo è tutto fuorché semplice; ma, negli occhi delle tante persone che ho incontrato, intervistato e aiutato a pensare, costruire e gestire alberghi, non c'era solo il puro profitto.

Gli occhi di queste persone s'illuminavano al pensiero di accogliere qualcuno in casa propria e si emozionavano all'idea di rendere piacevole il soggiorno di un ospite.

Costruire un albergo è, prima di tutto, una grande prova d'amore e trova le radici profonde nella psicologia dell'accoglienza che ci ha insegnato la nostra mamma quando si dava un gran da fare a sistemare la casa prima che arrivasse quell'ospite così importante e tanto atteso.

Le grandi scoperte degli ultimi anni hanno dimostrato che c'è ancora molto da inventare, ma le ragioni del successo di questa nuova epoca della tecnologia sono da ricercarsi in aspetti tanto banali quanto evidenti che, alla fine, lasciano tutti con una domanda: era così ovvio, non era un'idea originale e allora perché non ci ho pensato io?

Guarda Facebook, una piattaforma internet completamente priva di contenuti. Sono le persone – con la loro voglia di condividere pensieri, foto, immagini, video, gioie e dolori con amici e conoscenti – a creare la piattaforma.

Lo aveva detto Aristotele: "l'uomo è un animale sociale", vive per condividere quindi – lo sapevamo tutti – la nostra vita ha senso solo perché la condividiamo con qualcuno. Una storia, se non è raccontata, non è una storia. Quando mi succede qualcosa di nuovo, di bello o di brutto, non vedo l'ora di "condividere".

Questo nuovo settore dell'economia, definito proprio della *condivisione (sharing economy)*, trova indubbiamente le sue basi forti nella tecnologia. Se Google Maps non avesse mappato il pianeta, non saremmo qui a parlare di *sharing economy*. Se non esistessero i sistemi di pagamento elettronico, le applicazioni e gli smartphone, la *sharing economy* non sarebbe ancora nata.

7

È un'epoca che definisco di convergenze: il risveglio del sociale, le grandi crisi globali hanno ridotto il classismo che era nell'aria e hanno costretto le grandi aziende a rivedere i costi, ad abbassare le barriere di entrata in molti settori, creando una nuova domanda e una nuova offerta in segmenti che prima non esistevano.

Nel mondo, quando si parla di locazioni brevi, si parla di Airbnb. Anche la storia di Airbnb nasce da un'esigenza personale, una necessità che probabilmente hanno avuto in molti, ma solo Brian e Joe ebbero l'intuizione di soddisfare quello specifico bisogno.

A San Francisco, durante un convegno di design, tutte le camere erano esaurite e per Brian Chesky e Joe Gebbia pagare l'affitto ogni mese era una vera sfida. Decisero così di affittare uno spazio del loro loft ai viaggiatori che non volevano perdersi la conferenza.

Molte delle grandi storie trovano la propria origine in un disagio personale, in un bisogno insoddisfatto. In questo libro di cambiamento, il focus sarà su aspetti tecnici, argomenti di marketing ma, tra le righe, leggerai sempre che il vero cambiamento è quello che dovrai fare tu, se vuoi davvero realizzare un sogno.

Un marchio come Airbnb ha acquisito tali notorietà e successo, da identificare un intero segmento di business e stravolgere il nostro modo di esprimerci.

Airbnb è in realtà un'agenzia di viaggio online che ha dato la possibilità a privati di affittare uno spazio abitativo. Per antonomasia, il nome di questa famosa agenzia di viaggio è entrato nel linguaggio comune delle persone a indicare un sofà in affitto, uno spazio abitabile a noleggio, un bed and breakfast, un affitta camere con uso cucina, un piccolo appartamento o una villetta gestita da un *host*, cioè da un padrone di casa.

Si è letto nei giornali che Airbnb è diventato il più grande albergo del mondo, con oltre un milione di camere e mezzo miliardo di dollari di ricavo.

Anche quest'affermazione potrebbe trarre in inganno: Airbnb ha generato prenotazioni a padroni di casa che hanno promosso la propria struttura ricettiva all'interno del portale (sito internet) e, per questo servizio di agenzia, Airbnb riceve una commissione. Il mezzo miliardo di dollari di ricavo è generato da commissioni di agenzia che Airbnb ha ricevuto dai padroni di casa e dai viaggiatori. In gergo Airbnb è una Ota (Online Travel Agent), quindi, un'agenzia di viaggio online.

Nei miei modelli di business, il contributo fornito da Airbnb rappresenta solo una piccola percentuale del volume di affari generale, quindi credo sia opportuno fare chiarezza da subito sull'argomento. Parlare di un intero settore e definirlo semplicemente come Airbnb sarebbe riduttivo.

Di agenzie di viaggio (Ota) parlerò a lungo perché ne coesistono migliaia e il mondo delle locazioni brevi sembra conoscere solo Airbnb. Tutte le agenzie, canali o Ota hanno elaborato strategie e tecniche utili e importanti per i viaggiatori e lo sviluppo del nostro business.

Ti spiegherò quali sono i segreti e gli algoritmi delle Ota che consentono di ottenere più prenotazioni e poi apprenderai come fare marketing senza Ota, così risparmierai commissioni e costruirai la tua base clienti.

Poiché molti degli argomenti che tratto in questo testo diventeranno vecchi e obsoleti in fretta, terrò aggiornata la pubblicazione attraverso gli ebook di approfondimento, i blog del sito, i nostri gruppi online e nuove pubblicazioni. Se la nostra comunità online contribuirà a fornire nuove idee e nuovi spunti, la mia promessa è di metterli a tua disposizione.

Nel libro racconterò dei miei viaggi, delle mie ricerche, delle mie avventure e disavventure, degli errori commessi, e dei risultati raggiunti grazie al settore degli affitti turistici.

Farò spesso esempi e ti dirò tutto quello che ho imparato negli ultimi dieci anni di lavoro. La mia promessa è che ce la metterò davvero tutta per creare un modello, una mappa e una guida che possano servirti per fare questo business in tutto il mondo, ovunque tu sia, con ampie o limitate risorse economiche.

Il cammino da compiere per raggiungere la vetta è sempre irto di pericoli, imprevisti e probabilità, proprio come nel gioco del Monopoly.

Anch'io sognavo di fare l'albergatore e nel mio libro ti spiegherò come ci stia riuscendo, partendo da zero. Spero, quindi, di essere fonte d'ispirazione, il resto è compito tuo.

# Capitolo 1:
# La rivoluzione del turismo

Non è mia intenzione farmi bello con grafici colorati, relazioni e fiumi di numeri e statistiche per convincerti che il mercato del turismo è florido e promettente. Quando ero bambino, nella nostra casa al mare, cambiavano gli inquilini ogni settimana.

Turisti da tutta Europa arrivavano puntualmente ogni anno a riempire i parcheggi delle spiagge, gli alberghi, i campeggi e le villette private con i loro gommoni al rimorchio, le biciclette sul tetto e tante storie da raccontare.

A confermare la sensazione che questo mercato non abbia subito crisi, ci sono i dati dell'Unwto (World Tourism Organization), che, già nel 2011, annunciava che il mercato del turismo non avrebbe avuto arresti fino al 2030. L'Organizzazione Mondiale del Turismo (Omt in italiano equivalente dell'inglese Unwto) ha redatto una relazione davvero molto incoraggiante che si riassume in sette punti chiave:

- Incessante aumento delle destinazioni turistiche e conseguenti investimenti nel settore turistico contribuiscono allo sviluppo socio-economico attraverso la creazione di nuovi posti di lavoro, nuove aziende e infrastrutture.

- Negli ultimi decenni, il turismo ha registrato una continua espansione divenendo uno dei settori economici con il più rapido tasso di sviluppo. Sono emerse molte nuove destinazioni alternative alle tradizionali mete del Nord Europa e Nord America.

- Nonostante occasionali traumi, il turismo ha dimostrato grande forza e resistenza. Gli arrivi internazionali sono passati da 25 milioni nel 1950 a 278 milioni nel 1980 e 1,235 milioni nel 2016.

- Anche le entrate internazionali generate dal turismo sono passate da 2 bilioni nel 1950 a 104 bilioni nel 1980, 495 bilioni nel 2000 e 1,220 bilioni nel 2016.

- Il turismo è la principale fonte di scambi di servizi a livello internazionale e ha inoltre generato un indotto di 216 bilioni in esportazioni. Nel 2016 il totale delle esportazioni ha raggiunto scambi per un valore totale di 1,4 trilioni di dollari al giorno.

- Il turismo internazionale rappresenta il 7% delle esportazioni totali di merci e servizi ed è passato dal 6 al 7% nel 2015. Il turismo è cresciuto più rapidamente del totale volume degli scambi commerciali registrati negli ultimi cinque anni.

- Il turismo detiene il terzo posto nella classifica mondiale delle esportazioni internazionali, subito dopo i prodotti chimici e i prodotti dell'industria estrattiva, tenendo testa al settore degli autoveicoli e prodotti alimentari.

La tabella di seguito mostra il flusso di arrivi internazionali nelle dieci principali destinazioni mondiali.

| International tourist arrivals | | | (million) | | Change (%) | |
|---|---|---|---|---|---|---|
| Rank | | Series | 2015 | 2016* | 15/14 | 16*/15 |
| 1 | France | TF | 84.5 | 82.6 | 0.9 | -2.2 |
| 2 | United States | TF | 77.5 | 75.6 | 3.3 | -2.4 |
| 3 | Spain | TF | 68.5 | 75.6 | 5.5 | 10.3 |
| 4 | China | TF | 56.9 | 59.3 | 2.3 | 4.2 |
| 5 | Italy | TF | 50.7 | 52.4 | 4.4 | 3.2 |
| 6 | United Kingdom | TF | 34.4 | 35.8 | 5.6 | 4.0 |
| 7 | Germany | TCE | 35.0 | 35.6 | 6.0 | 1.7 |
| 8 | Mexico | TF | 32.1 | 35.0 | 9.4 | 8.9 |
| 9 | Thailand | TF | 29.9 | 32.6 | 20.6 | 8.9 |
| 10 | Turkey | TF | 39.5 | .. | -0.8 | .. |

Source: World Tourism Organization (UNWTO) ©.

Dunque, perché viaggiamo di più? Io amo viaggiare e per me si tratta di una sorta di dipendenza. Secondo studi scientifici, due persone su dieci hanno ereditato l'istinto del viaggiatore anche dal proprio patrimonio genetico.

Sembra che l'atto del viaggiare abbia gli effetti della cioccolata o del sesso e quindi aumenti il livello di dopamina nel cervello rendendoci particolarmente eccitati ed emozionati allorché intraprendiamo un nuovo viaggio. La ricerca elaborata da Thomas Suddendorf e Michael C. Corballis dell'Università di Auckland, in Nuova Zelanda, è interessante perché parte dalla nostra capacità di viaggiare mentalmente, capacità unica della specie umana.

In un articolo apparso recentemente sul web si osserva come gli arrivi siano più alti nei Paesi che non hanno opposto resistenza al mondo della *sharing economy*.

**airbnb**

Growing the Economy, Helping Families Pay the Bills
Analysis of Economic Impacts 2014

Città internazionali e all'avanguardia, che in un primo momento avevano ostacolato l'ingresso di Airbnb, adesso stanno facendo a poco a poco un passo indietro dopo aver constatato che l'integrazione dei voli low cost, del trasporto a buon prezzo e dell'alternativa all'albergo, non solo hanno portato entrate al settore della ristorazione, dei musei, degli eventi locali ecc., ma, addirittura, hanno contribuito a far lavorare di più i taxi (ufficiali), le compagnie di bandiera e infine gli stessi alberghi.

La storia di Airbnb nel mondo sembra assomigliare sempre di più a una trama eroica di un film hollywoodiano.

Airbnb è la storia di due ragazzi che, dalla camera del proprio loft, desiderano aiutare il mondo a pagare le bollette di fine mese, aiutare i viaggiatori a trovare una sistemazione senza spendere una fortuna e, infine, contribuire alla crescita economica del Paese.

In questi anni la piattaforma è stata il vero capro espiatorio capace di raccogliere sopra di sé tutte le tutte colpe del mercato degli affitti turistici, quindi si è battuta per far valere non solo i propri i diritti ma i diritti dei padroni di casa in crisi e dei viaggiatori alla ricerca di soluzioni più economiche.

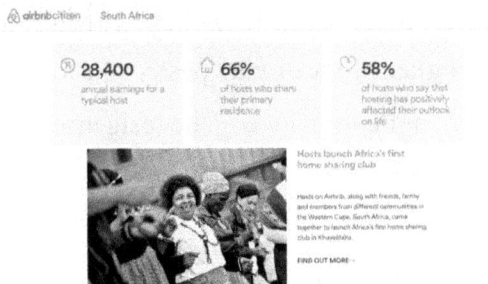

La storia di quest'azienda è una vera altalena di emozioni e colpi di scena fatta di proteste dei condomini, insofferenza degli albergatori, intromissioni sindacali, attacchi delle istituzioni, rivendicazioni dei padroni di casa e via dicendo.

In un simile saliscendi emozionante di botta e risposta, il mercato degli affitti turistici nel mondo sta registrando un vero e proprio boom economico.

In alcune città si parla già di saturazione ma credo che l'analisi sia molto affrettata e priva di fondamento. Per comprendere il mercato pensiamo al ciclo di vita del prodotto e alle sue fasi. Ogni ciclo di vita di prodotto (o servizio in questo caso) viene suddiviso nelle fasi di introduzione, sviluppo, maturità e declino.

Il ciclo di vita del servizio offerto dai privati che sono entrati nel mondo dell'accoglienza va di pari passo con lo sviluppo di una località turistica e l'evoluzione delle esigenze polietniche del turismo.

La fase d'introduzione di una nuova località turistica (fase d'introduzione del prodotto) inizia quando questa viene individuata dai pionieri come meta di ricercatori di luoghi incontaminati, poco interessati ai servizi e comodità.

In questa fase, gli operatori turistici saranno scarsi, i servizi di accoglienza limitati e spartani, le aspettative dei viaggiatori molto basse. I prezzi delle camere potrebbero anche essere sorprendentemente alti perché un'impresa monopolista (o poche imprese) potrebbe controllare interamente l'offerta del servizio.

L'incremento di turismo porta il prodotto/servizio all'interno della fase di sviluppo. In questa stadio ci saranno segnali che stimolano gli operatori e le istituzioni a fare grandi investimenti per l'ospitalità. Nella fase di sviluppo dovrai mantenere le quote e per conservare i clienti, dovrai alzare il livello dei tuoi standard, lavorare con più metodo, fare strategia e uscire dall'anonimato (ne parleremo bene in seguito).

Il mercato ha accettato il prodotto (in questo caso la località), le compagnie aeree e i voli cominceranno a moltiplicarsi, le multinazionali del turismo metteranno le prime bandierine e si aprirà il primo McDonald's.

Tu sarai attore di un palcoscenico più grande fatto di nuove opportunità e minacce. Sta di fatto che là fuori c'è un'onda da cavalcare e sta a te decidere se cambiare e crescere o se entrare nella tua fase personale di declino.

Oggi la maggior parte dei padroni di casa si sente forte perché le piccole strutture ricettive straboccano di ospiti, il turismo spinge e le cose vanno a gonfie vele. Questo è l'abbrivo tipico da fase di sviluppo che ho cavalcato diverse volte nella mia carriera professionale e che ho imparato a non sovrastimare.

Dov'è il tuo mercato in questo momento? In quale delle fasi ti trovi? Sei trascinato dalla corrente? Se guardo i dati della tabella dell'Unwto, dimenticando per un attimo tutto quello che dicono analisti ed economisti, potrei sembrare un folle nel concludere che tutti quei Paesi sono appena usciti dalla fase di introduzione e sono appena entrati nella loro fase di sviluppo? Probabilmente sì, ma facciamo qualche ragionamento insieme.

La Thailandia ha registrato 32 milioni di arrivi nel 2016. Con tutto il rispetto per il Paese in cui ho vissuto tanti anni e a cui sono davvero molto grato e affezionato, possiamo fare una lista degli argomenti di vendita che la Thailandia ha da offrire in questo momento, rispetto all'Italia? Da italiano, immagino la tua reazione a questa domanda.

Perché la Thailandia cresce così rapidamente? La risposta è semplice, perché India e Cina hanno appena preso le valigie in mano. Queste due Nazioni insieme contano 2,6 miliardi di persone e da poco hanno iniziato a fare i primi viaggetti sperimentali, girovagando per l'Asia.

Se è vero che due persone su dieci hanno ereditato il gene del viaggiatore e ce ne sono altre che, invece, viaggiano per ragioni diverse e business e se è vero che il turismo nel mondo è raddoppiato negli ultimi sei anni, allora credo che assisteremo a un vero sviluppo da qui a breve.

La relazione 2016 di Airbnb parla di 121.000 padroni di casa italiani convertiti in extra-albergatori. Se i dati non ci tradiscono e se il bel Paese si dà una mossa con il marketing, quei numeri potrebbero decuplicare.

C'è un altro messaggio molto forte che comincia a serpeggiare tra i lenti movimenti delle Istituzioni: la casa-vacanze, il bed and breakfast, l'agriturismo non solo fanno parte del patrimonio turistico nazionale ma servono a rendere il viaggio più piacevole, più umano, generando un forte indotto per tutto il terziario, alberghi compresi.

# Capitolo 2:

# La mia storia

La mia storia di affitti inizia a Phuket, in Thailandia, un piccolo puntino nella mappa del Sud-Est asiatico.

Nel 2004 mi ero trasferito da poco all'estero e tenevo duro per non dare ragione a tutti quelli che avevano criticato la mia scelta. In quel momento iniziavo a buttare un occhio sul settore immobiliare ma non avevo assolutamente compreso quali fossero le potenzialità del mercato perché la mia mente era offuscata dal rifiuto verso il cambiamento.

Le palme cominciavano a essere sostituite dalle gru, le spiagge incontaminate pian piano si affollavano di turisti e le tartarughe traslocavano i propri depositi di uova altrove. A me tutto questo cambiamento trasmetteva un certo sconforto e amarezza.

I pochi contatti sociali e relazioni che intrattenevo con la comunità italiana comprendevano un gruppo di persone che si erano ritirate sull'isola per defaticarsi dallo stress occidentale o pensionarsi a vita. Anche loro non erano felici del cambiamento e quindi mi resi subito conto che i discorsi dei quattro amici al bar rischiavano di farmi perdere di vista una possibile opportunità.

Ai nostri occhi era iniziata la fase di declino, certo nulla a che vedere con le analisi dei grandi economisti e imprenditori che invece avevano le idee molto chiare e in quello specifico momento vedevano un grande e prosperoso sviluppo futuro.

Cominciai a riflettere sul fatto che per uscire dal club dei 1.000 euro al mese avrei dovuto compiere scelte importanti, prima di tutto personali. Come sempre, nulla avviene per caso: non ricordo come, non ricordo dove, ma in quei giorni mi trovai tra le mani un testo in inglese di un certo Osho Tao.

Aprii una pagina a caso e il libro mi diede un messaggio forte e chiaro: "Prima devi imparare a nuotare, e quando nuoterai perfettamente non avrai più bisogno di nuotare, puoi essere semplicemente nel fiume e fluire; puoi adagiarti nel fiume come se ti abbandonassi al tuo letto.

Ora hai imparato come essere in sintonia col fiume, adesso il fiume non può imprigionarti, ora non hai più alcuna inimicizia col fiume. Di fatto non vivi separato dal fiume stesso. Un perfetto nuotatore diventa parte del fiume, è un'onda nel fiume".

Che senso aveva continuare a biasimare il cambiamento? Non sarebbero state certo la mia nostalgia e tristezza a modificare gli eventi: il fiume era in piena e fluiva veloce, c'era un'onda da cavalcare.

In un giorno cambiai la mia vita.

Chiesi al mio socio se volesse vendere la casa poiché si lamentava dalla mattina alla sera: non gli piaceva più la Thailandia. Io avevo deciso di buttarmi nel settore immobiliare e stavo aprendo un'agenzia. Mi servivano incarichi di vendita. La nostra casa fu così la prima scheda immobile pubblicata sul sito internet di quella piccola agenzia che aprì le porte al pubblico verso la fine del 2004.

Le prime richieste di affitti confermavano che era iniziato un nuovo trend. I clienti mi dicevano: "Vogliamo una bella villa isolata, in mezzo alla natura ma con la connessione internet ad alta velocità". Questa richiesta suscitava sempre un sorriso ma in realtà rappresentava un altro piccolo segnale a indicare che il passaggio dalla fase dell'introduzione alla fase di sviluppo era iniziato.

Il futuro dell'agenzia sembrava essere prospero. Ero l'unico intermediario italiano sull'isola, il sito internet tradotto in francese, inglese, italiano e ovviamente thailandese, attirò da subito potenziali clienti e originò richieste un po' da tutto il mondo.

Il 26 dicembre, però, ci fu un vero, drammatico colpo di scena: l'onda arrivò davvero e si chiamava tsunami.

Dopo soli due mesi la mia vita cambiò nuovamente come se qualcuno stesse mettendo a dura prova la mia capacità di superare ostacoli sempre più grandi.

Alle 8 del mattino sentii la scossa, svegliai la mia ragazza per dirle che c'era il terremoto e lei rispose di continuare a dormire perché sicuramente stavo sognando. Poche ore dopo un'amica la chiamò dicendo che la città di Phuket era allagata. Uno più uno: terremoto più allagamento uguale maremoto.

Alle nove avevamo una barchetta prenotata per fare una gita in mare e un po' di snorkeling. La sera prima io e il mio papà festeggiammo Santo Stefano con due bicchieri di vino di troppo e così non ci svegliammo in tempo per prendere quella barca.

Quei due bicchieri di vino ci salvarono la vita ma non la salvarono ai 230.000 morti e dispersi, tutti vittime dell'onda anomala che colpì le coste di Malesia, Indonesia, India, Thailandia e Birmania. Nei giorni successivi fui impegnato come volontario nelle operazioni di accoglienza delle famiglie dei dispersi. L'agenzia e gli affari erano l'ultimo dei miei pensieri e tutti i progetti erano stati cancellati con un colpo di spugna.

I giorni di volontariato trascorsi ad accogliere le famiglie dei dispersi furono strazianti. Ogni giorno mi arrivavano richieste di supporto da ospedali, consolati e istituzioni locali. Una notte fui chiamato a fornire aiuto all'ospedale di Takua Pa, a 100 chilometri a Nord di Phuket.

Era una bellissima zona turistica quella che precede il villaggio di Takua Pa, c'erano centinaia di resort immersi nella natura che avevo visitato qualche mese prima... adesso, tutto spazzato via, niente elettricità, strade fagocitate dalla sabbia, alberi sradicati, e solo l'odore della morte per decine di chilometri.

Non resistetti molto come volontario; non ero preparato a tutto quel dolore, mi rendevo conto di non avere le competenze e la forza psicologica per rispondere alla disperazione delle persone che arrivavano in Thailandia per cercare i propri familiari smarriti in mezzo all'oceano.

Nel giro di qualche giorno fortunatamente arrivarono i supporti e i volontari esperti così il mio compito si concluse. Le immagini di tutti quei morti, tutti quei dispersi, le lacrime e la disperazione dei familiari accompagnarono i miei incubi per anni.

Mi presi il tempo per passare dall'ufficio e sospendere le campagne AdWords su Google che avevo attivato. Il mio pensiero era ovviamente quello di chiudere l'ufficio da lì a poco e rientrare in Italia. Almeno questa volta avrei avuto una buona scusa per tornare a casa senza sentirmi dire: "non ce l'hai fatta".

Forse sai che una campagna Google AdWords consente di pagare per ogni visita (click) che si riceve sul sito. Io avevo impostato una campagna pubblicitaria che, in base al numero di click previsti da Google, sarebbe dovuta costare circa mille euro al mese. Quando aprii l'account Google, qualcosa di strano stava verificandosi.

Avevo speso tutto il budget in un solo giorno. C'era stato un picco di visite qualche giorno dopo lo tsunami e non capivo quale fosse il motivo. Pensai che si trattasse di un problema tecnico. Avevo già in mente una mail di contestazione da scrivere a Google, quindi accesi il pc per inviarla e diedi prima uno sguardo alle mail.

Nella posta in arrivo c'erano 300 messaggi! Pensai agli Spam ma poi iniziai a leggere una ad una le mail e non c'era posta indesiderata... anzi.

Le lettere arrivavano da persone di tutto il mondo, in italiano, in francese, in inglese e più o meno dicevano questo:

"Caro agente, prima di tutto desideriamo esprimere la nostra solidarietà alle famiglie e agli amici delle vittime per il tragico evento che ha colpito la meravigliosa Phuket.

Augurandoci che tu non abbia subito danni diretti o indiretti ti scriviamo per riaccendere una speranza nel tuo futuro e nella tua carriera di agente immobiliare.

Qualche anno fa io e mia moglie abbiamo visitato un piccolo albergo a Phi Phi Island di cui ci siamo innamorati. Ci chiedevamo se magari i proprietari fossero interessati a vendere...".

Ed ecco un altro colpo di scena: stavano arrivando gli speculatori... Feci un respiro profondo, spensi il pc e tornai a casa. Ero veramente sconvolto. Mentre guidavo mi tornava in mente il testo di Osho, nella mia testa riecheggiava una canzone dei Queen: *The Show Must Go On.*

Mi presi qualche settimana, poi decisi di riaprire l'ufficio. Chiesi a una collaboratrice di contattare tutti i proprietari che ci avevano dato incarico di vendita per alberghi, terreni e immobili al fine di fare una breve intervista e domandare quale fosse l'orientamento in merito ai prezzi.

Mi aspettavo che tutti dicessero di ribassare drasticamente le richieste ma non fu così. La risposta fu ancora una volta sconvolgente. Il 90% dei proprietari rispose che non avevano intenzione di ridurre i prezzi e che, grazie alla pubblicità e alla visibilità che Phuket aveva ottenuto in seguito al maremoto, probabilmente ci sarebbe stato un boom di arrivi negli anni a venire.

Fui letteralmente sconvolto dall'ottimismo di questa gente. Nel giro di due settimane le strade erano state pulite, il puzzo dei cadaveri rimosso e i lavori di ricostruzione riavviati immediatamente. Phuket era un cantiere, tutti lavoravano, si aiutavano per ricostruire.

Con un gruppo di ragazzi facemmo una colletta per aiutare il villaggio dei pescatori, quando un amico consegnò il denaro al capo villaggio, la comunità rifiutò l'offerta dicendo che non ne avevano bisogno. Si sarebbero aiutati tra loro e sarebbero ripartiti più forti di prima. La Thailandia che avevo di fronte era ben diversa da come me l'avevano raccontata.

Capii molte cose e compresi che quella per me sarebbe stata un'importante scuola di vita.

In mezzo a questa gente c'era chi aveva perso figli e intere famiglie davanti ai propri occhi ma per loro non c'era tempo per commiserarsi. Anch'io dovevo ricostruire una vita fatta di ottimismo e positività perché non avevo perso proprio nulla e certamente non avevo il diritto di lamentarmi.

Aprii le mail e cominciai a rispondere. Dopo dieci giorni una coppia di Maui mi diede appuntamento per acquistare un appartamentino. Quando li incontrai, mi dissero: "Ciao Andrea, non siamo mai venuti a Phuket ma pensiamo che adesso sia giusto portarvi un po' di soldi".

Per vedere la casa dovemmo fare a piedi sedici piani di scale perché gli ascensori erano ancora allagati. Videro l'appartamentino e firmarono senza trattare il prezzo. Avevo incassato una piccola commissione di poco più di mille euro ma ero al settimo cielo.

Ero letteralmente circondato di ottimismo e guidato da un'incessante altalena di emozioni. Mentre portavo i clienti a vedere immobili e terreni incrociavo i container che, dalle isole, conducevano i cadaveri al Nord per il riconoscimento del Dna.

L'isola era in fermento e ci si aiutava per ripartire e ricostruire; la mia casella di posta elettronica era colma di messaggi e richieste, la mia agenda piena di appuntamenti. Molte di queste persone che ritenevo fossero sciacalli e speculatori in realtà erano prevalentemente persone che visitavano Phuket per aiutarci a ripartire.

Nessuno dunque riduceva i prezzi e la domanda era decuplicata. Nel giro di qualche mese riuscii a vendere un paio di piccoli alberghi e un terreno, così misi insieme un gruzzoletto che mi convinsi a spendere molto in fretta. Un collaboratore mi portò a vedere un terreno che, secondo lui, era interessante per un eventuale futuro progetto.

Sebbene l'accesso al terreno fosse non più largo di 3 metri e il contesto veramente discutibile, decisi di fare il passo e lo feci per tre ragioni: a prescindere dall'accesso il terreno mi piaceva, era circondato da bellissimi alberi di caucciù che sarebbero diventati il panorama di eventuali future villette. Il lotto era servito dalla strada sui due lati, quindi si poteva frazionare senza perdere nemmeno un metro di spazio, e infine a ispirarmi fu l'indirizzo: "Soi Suksan" che in thailandese significa: "Via della Felicità".

Acquistai il terreno per 18.000 euro, reclutai un giovane architetto alle prime armi e gli passai una bozza di disegno e qualche appunto su quello che avevo in mente. Con circa 800 euro mi portai a casa un bel Cgi (rendering fotorealistico) e una bozza di planimetria da presentare ai potenziali clienti.

Non avevo un budget da destinare alla pubblicità quindi mi limitai a pubblicare un annuncio da 20 euro su un giornaletto locale.

Passò qualche mese e nessun interesse per le ville. Ovvio, chi è il pazzo che acquista una villa sulla carta da un italiano senza esperienza in edilizia? In agenzia la corrispondenza con potenziali clienti era sempre molto intensa ma non vedevo vendite all'orizzonte e nel frattempo stavo di nuovo finendo i soldi.

Quel weekend – non lo dimenticherò mai – chiesi alla mia ex fidanzata di prestarmi 4 euro per comprare qualcosa da mangiare. Avevo 12 euro sul conto. Se non avessi concluso una vendita da lì a poco avrei dovuto nuovamente considerare l'ipotesi di tornare in Italia.

Il lunedì successivo ricevetti una telefonata da Londra: era un giornalista che vide l'annuncio online e mi fece qualche domanda al telefono sul progetto.

Al termine della conversazione (credo di aver compreso sì e no il 30% di ciò che disse), mi chiese di inviare una mail riassuntiva e i dati bancari perché si diceva interessato al progetto e quindi avrebbe mandato un deposito per riservare una delle quattro ville.

Dopo aver riagganciato, iniziai a pensare chi fosse l'amico poco simpatico che si divertiva a prendermi in giro in quel momento così difficile della mia vita.

Nel pomeriggio ricevetti un'altra chiamata da una coppia canadese. Mi fecero qualche domanda al telefono e chiesero di vedere il terreno. Si trattava di una simpaticissima coppietta che aveva in previsione di comprare una casa per poi ritirarsi a Phuket negli anni a venire.

Il marito fece molte domande sul prezzo, mi chiese diverse volte se ero sicuro di poter costruire e consegnare la casa a quella cifra e io risposi con fermezza di sì. Dopo una chiacchierata di circa mezz'ora, il cliente disse:

"Andrea, compriamo la casa a una condizione: le chiavi della nostra casa le avrai in consegna tu, del management e degli affitti dovrai quindi occupartene personalmente. Quando noi non siamo a Phuket vogliamo affittare per coprire le spese ed eventualmente generare una piccola rendita".

Di gestione di immobili non sapevo proprio nulla e tantomeno di affitti ma accettai la sfida e così quel giorno nacque "Villa Suksan".

Ero emozionato, seduto su quel prato in mezzo al nulla, pieno di dubbi ma carico di energia. Io amo mantenere le promesse quindi iniziai da subito a interessarmi di marketing degli affitti e gestione immobili.

Nel 2005 Airbnb non esisteva, non esistevano gli smartphone, e in Thailandia era più semplice trovare moglie che collegarsi a internet. Capii invece che all'estero esisteva già un settore di cui non conoscevo l'esistenza: il *Rental management*. Capii anche che se le cose fossero andate bene, quel progetto si sarebbe potuto replicare e io mi sarei trovato a gestire un albergo, senza possedere un albergo, con un investimento di soli 18.000 euro.

Ma perché quel cliente contattò me, perché decise di comprare quella casa e non un'altra? Ne ho parlato spesso con amici e colleghi e di solito mi dicono: "Sei fortunato e poi sei italiano. Noi italiani siamo da sempre affezionati al caro vecchio mattone.

La 'malattia della pietra' è una sindrome di cui il patrimonio genetico italiano è sicuramente contaminato; più di sette connazionali su dieci oggi possiedono un immobile di proprietà e la percentuale di proprietari di casa in Italia è tra le più alte d'Europa... gli stranieri lo sanno che amiamo le case... e poi gli italiani, con il nostro gusto, il nostro senso di ospitalità e il profondo gusto estetico ecc.".

Mi diverte tantissimo ascoltare questa storia, ma la vuoi sapere la verità? Se avessi venduto la casa al 20% in più, o al 30-40% in più – come faceva la concorrenza – adesso quel prato sarebbe ancora lì a ospitare delle margheritine.

Mi spiace deludere i lettori italiani tanto orgogliosi di esserlo ma su quel prato a parlare di case non c'era Renzo Piano o Giorgio Armani, c'ero io in ciabatte e pantaloncini senza il becco di un quattrino.

Il canadese era più preoccupato di capire se, da buon italiano, sarei fuggito con il deposito e così prese a tempestarmi di domande su pagamenti, avanzamento lavori, tempi di consegna delle chiavi ecc. Fu la mia umiltà a portare il cliente in mezzo al nulla, fu un prezzo giusto e competitivo per un prodotto esteticamente piacevole e rispondente alle esigenze di quel tipo di clientela. Su come fare i prezzi ne parlerò a lungo nei successivi capitoli.

Di prodotti simili al mio ce ne erano diversi sul mercato, i promotori erano costruttori avviati, con ottima reputazione, uffici maestosi e capacità finanziarie ben differenti dalla mia. Io feci i miei conti e decisi un prezzo corretto per quel prodotto e così cominciai a vendere. Calcolai i miei costi fissi, i miei costi variabili e misi in vendita la prima villa a un prezzo molto ragionevole.

Venduta la prima villa, mi sentivo psicologicamente più forte e aumentai leggermente il prezzo di vendita. Il terzo cliente, un simpatico francese che lavorava nel settore immobiliare mi disse:

"Andrea, senza offesa, costruite, tutti, case molto simili; io comprendo che questo stile vada di moda ma penso a quando dovrò rivendere e quindi compro da te per tre motivi: la tua casa, in effetti, è più carina delle altre, se compro a buon mercato poi rivendo sempre meglio e con i soldi che risparmio mi compro una barca e ce ne andiamo insieme a pescare".

Quell'anno andammo spesso in barca e, sì, fummo entrambi contenti di aver fatto un buon affare. Il quarto cliente quando arrivò in cantiere vide le fondamenta delle prime due case e restava solo l'ultima a disposizione. Fu il cliente che indubbiamente comprò peggio ma sempre meglio rispetto alla concorrenza. Acquistò talmente bene che fu proprio un'agenzia immobiliare a ricomprare la sua casa dopo tre anni.

Spero di avere aggiunto importanti dettagli per farti capire quanto sia importante pensare in autonomia, non con la testa degli altri; è fondamentale. Adesso ti racconto cosa successe dopo e tienilo ben presente quando deciderai le tariffe per la tua prima struttura ricettiva.

Mentre tornavo a casa dal cantiere, al semaforo mi venne in mente che, da buon imprenditore, avrei dovuto fare un po' di calcoli consuntivi e verificare quale fosse stato il Roi su questo primo progettino che, ahimè, avevo "svenduto" (stando a quello che dicevano tutti).

La calcolatrice del telefonino continuava a dare un risultato strano, diceva che la redditività del capitale investito era del 1.142%. Ricordo che in Italia gli agenti immobiliari mi prospettavano investimenti – ottimi investimenti secondo loro – che garantivano rendite del 4% l'anno, quindi capii che si trattava sicuramente di un errore. Mi ripromisi di fare il calcolo a casa, con calma, davanti a un foglio di Excel.

Tu dirai qual è il nesso tra affitti turistici e la tua storia di costruttore? In verità io non amo parlare di me stesso ma raccontarti una storia vera, da cui una teoria e un modello di business hanno preso forma, credo sia una sorta di garanzia che ogni scrittore di testi manualistici dovrebbe fornire ai propri lettori.

Il mio intento è trasferirti delle competenze, raccontarti delle esperienze a conferma delle mie teorie. Ho sempre pensato che il miglior leader sia chi riesce prima di tutto in proprio, pertanto ci tengo a essere un esempio coerente per chi mi legge. Nel mio caso specifico, oggi non sarei qui a scrivere questo libro se il mercato delle case-vacanza non mi avesse costretto a diventare un esperto di affitti turistici.

In Italia, il 77% delle famiglie risulta proprietario delle abitazioni in cui risiede e un altro 18% risulta sfitto. All'estero questa sfumatura l'hanno compresa da vent'anni e la casa-vacanza (o seconda casa), quando non utilizzata, viene messa a reddito attraverso gli affitti turistici. Se non mi fossi specializzato in questo settore, non avrei certamente venduto nemmeno una casa.

Oggi, dopo dieci anni di lavoro, buona parte dei clienti a cui ho venduto case fa parte di programmi di affitto che consentono al proprietario di usare la casa per qualche mese e affittarla il resto dell'anno. In questo modo i proprietari coprono le spese di gestione e manutenzione e generano una piccola rendita. La casa viene mantenuta in condizioni impeccabili e il proprietario è libero di usarla o rivenderla, senza vincoli.

Come proseguirono gli esperimenti nel settore edile? Alla consegna delle chiavi della terza villa la coppia francese indicò il terreno di fronte al mio e mi disse:

"Adesso che ci siamo fatti questa bella villetta vorremmo evitare che qualcuno comprasse quel terreno che vedi e ci costruisse un palazzo di cinque piani. Perché non lo acquisti tu e ci fai altre tre o quattro ville? A questi prezzi sono certo che venderai bene e in fretta, e noi potremo anche aiutarti a trovarti qualche compratore".

Non ci volle molto a convincermi e così comprai la terra di fronte, leggermente più piccola, al doppio del prezzo che pagai per il primo terreno; rifeci bene i miei conti e costruì altre tre ville che si vendettero di lì a pochi mesi.

Mentre stavo completando il secondo progetto, diversi clienti vennero a vedere le prime ville ma si lamentavano della posizione, non particolarmente esclusiva. Trovai così un piccolo terreno in una zona considerata più bella, più vicina al mare e iniziai a promuovere il terzo progetto.

Non feci in tempo a redigere il listino prezzi che la prima villa era già venduta. Le agenzie mi adoravano perché costruivo begli oggetti a prezzi competitivi e perché offrivo un pacchetto di gestione post-vendita.

I flussi di cassa generati erano soddisfacenti ma dovevo stare attento perché non avevo alcun supporto dalle banche locali e non volevo creare società con persone che la pensassero diversamente da me. Tutti i possibili investitori che si avvicinarono al progetto – la voce si diffonde sempre in fretta in questi casi – mi domandavano subito perché non alzassi i prezzi.

Poi un giorno, mentre lavoravo sul secondo progetto, un signore thailandese molto distinto si presentò al cantiere e mi chiese di prendere un caffè in privato. Disse di lavorare per la banca e che un suo caro amico stava per fare bancarotta a causa di un progetto edile andato male. Mi mostrò le planimetrie del progetto e i prezzi di vendita.

Non era riuscito a vendere una sola villa e la banca avrebbe sequestrato il terreno a breve se il cliente non fosse riuscito a rientrare dell'affidamento nel giro di 24 ore. Il signore m'invitò in banca a parlare con la direzione e il giorno dopo ci fu l'incontro.

Il direttore mi disse: "Ti osserviamo da un po', Andrea, sei l'unico imprenditore in zona che vende tutto prima di ottenere i permessi.

Sei bravo e potresti darci una mano a risolvere un problema. Questo cliente è una bravissima persona e se non riesce a rientrare del fido andrà in rovina causando gravi problemi alla sua famiglia".

Mi comunicarono il prezzo del terreno che era ampiamente al di sotto delle valutazioni di mercato ma corrispondeva esattamente ai fondi che avevo sul conto. Quella notte non dormii. Il giorno dopo il terreno era mio e sul conto c'erano di nuovo 12 euro. Il terreno mi sembrava enorme: 6.400 metri quadri di prato, dove i ragazzi del villaggio amavano giocare interminabili partite a calcetto. La ragazza che frequentavo all'epoca – che adesso è la mamma dei miei bellissimi bimbi – mi chiese se fossi pazzo e io risposi: "credo di sì".

Con questo progetto sarei arrivato a quota 25 ville, la consegna delle chiavi del primo e secondo progetto era imminente quindi iniziai a strutturare la società di *Rental management*.

Non sarei riuscito a seguire i cantieri e occuparmi direttamente della gestione e affitti pertanto chiesi a un amico se avesse voglia di darmi una mano e così con Enrico formammo la *Easy Home Phuket*.

Era il 2007, non esisteva ancora Airbnb, s'iniziava a parlare all'ora di Facebook, internet andava a carbone ma la Easy Home aveva le idee chiare e il modello di business era ben definito.

Senza dilungarmi sulle peripezie fatte per costruire quelle prime quattro villette, mi basti dire che tutte le case furono vendute ancora prima di gettare le fondamenta della prima.

I miei finanziatori furono i clienti. Grazie ai pagamenti definiti in base allo stato avanzamento lavori, io pagai a mia volta i fornitori e le case presero forma. Al primo progetto ne seguirono altri tre. "Villa Suksan" oggi conta un totale di 29 ville e della maggior parte delle ville se ne prende ancora cura la nostra società di *Rental management*.

In passato avevo spesso trascorso troppo tempo a rincorrere schemi inventati da altri e spesso mi ero ritrovato con un pugno di mosche in mano. L'esperienza mi ha confermato che non bisogna mollare mai, neanche quando tutto sembra perduto. La vita di ogni imprenditore è piena di ostacoli e di nemici, la differenza la fai solo tu.

# Capitolo 3:
# I nemici di Airbnb

"Non arrivi a 500 milioni di amici senza farti qualche nemico". Ricordi questa frase? Era la locandina del film che racconta la storia di Mark Zuckerberg, il fondatore di Facebook. Anche il mondo Aribnb ha ovviamente i suoi oppositori.

Chi offre e domanda camere, appartamenti o ville in rete, entra automaticamente in conflitto con il mondo degli albergatori con ovvie conseguenze. Sebbene la reazione degli alberghi assomigli più a una battaglia di retroguardia, il denominatore comune della protesta sembra essere l'assenza di un quadro normativo generale che comprenda regole civili, aspetti fiscali e controlli di sicurezza.

A pagare le conseguenze degli scambi tra privati sono le piattaforme elettroniche che trasformano le piccole reti informali in grandi mercati globali. I protagonisti di questo settore economico sono i tanti padroni di casa che, presi tutti insieme, costituiscono un albergo più grande dei celebrati giganteschi alberghi.

A infastidire il mondo degli oppositori c'è indubbiamente un sottile senso d'invidia generato dal fatto che tutte queste realtà si sono sviluppate velocemente, con bassa intensità di capitale e contenuti quasi completamente forniti dai fruitori del servizio.

In verità molte delle motivazioni su cui si fonda l'esigenza di regolare il settore ci sembrano per lo più scuse per tutelare l'interesse finanziario della concorrenza. Se parliamo di piccole strutture ricettive, per quale motivo all'ospite dovrebbe essere fornito un protocollo sui sistemi di sicurezza e al residente no?

Mi spiego meglio: se l'appartamento non è sicuro per un ospite occasionale, allora forse non lo è nemmeno per chi ci vive permanentemente, giusto?

Molte delle contestazioni legali degli ultimi anni hanno, infatti, spesso ricondotto il tema della micro ricettività al diritto di "ospitare" che tutti abbiamo come padroni di casa. Di fatto il mondo della *sharing economy* rappresenta una rivoluzione popolare e si basa sul principio della condivisione di spazi, prodotti e servizi.

Se lo scambio si limitasse alla pura condivisione gratuita, nessuno, in Italia, si porrebbe il problema di appesantire un proprietario di altre leggi sulla sicurezza (controlli caldaia, certificazioni impianti ecc.) che già pesano sul bilancio familiare. L'economia della condivisione ha scardinato regole e sistemi ai quali il mondo era abituato.

D'altro canto, il tema della protezione dei consumatori è tutt'altro che pretestuoso. Nel mondo dell'accoglienza l'esigenza del consumatore è di trovare un prodotto che corrisponda a ciò che ha promesso il venditore e, purtroppo, le piattaforme non danno troppa importanza a quest'aspetto, pertanto pubblicano online tutto il materiale fornito dal padrone di casa senza preoccuparsi di controllare se ciò che offrono corrisponda alla realtà.

I controlli sono delegati alle recensioni dei viaggiatori che svolgono funzione d'indagine in cambio di un po' di spazio giornalistico.

Tralasciando, per un attimo, il tema dei controlli di qualità riguardanti le strutture ricettive, promosse sui rispettivi canali di vendita, i nemici del mondo Airbnb sembrano essere fondamentalmente due: i vicini di casa e gli albergatori. Entrambi fanno ovviamente pressioni sulle istituzioni locali per ostacolare, rallentare e frenare lo sviluppo del segmento extra alberghiero.

## Il caso Firenze

Non ci sono più case per i fiorentini: tutte finiscono su Airbnb. È l'allarme lanciato dal Sindacato inquilini nel giugno del 2017. L'intera città è messa in crisi da questa nuova tendenza che spinge i padroni di casa a preferire la piattaforma Airbnb agli affitti tradizionali.

Firenze è la prima città in Italia a opporsi con forza al settore extra alberghiero. A fare pressioni sono gli albergatori e i sindacati degli inquilini. Secondo il Ladest (Laboratorio analisi dati economici storici territoriali dell'Università di Siena) Firenze è la città che accoglie il maggior numero di Airbnb in Italia.

Oltre il 20% delle case dentro le mura ospita gli amici del trolley, costringendo i cittadini di Firenze a cercare casa in periferia. A Firenze sono quasi 10.000 i padroni di casa che promuovono la propria struttura ricettiva su Airbnb, e così inizia un altro vero e proprio linciaggio mediatico per Airbnb e questo nuovo segmento del turismo. Ma ecco le cose come stanno.

Nel dibattito mediatico, però, non si parla mai del vuoto normativo, cioè della mancanza di leggi ben precise, che costringe oltre 61.000 locatori in Italia a ottenere un provvedimento esecutivo di sfratto, dopo attese infinite. Inoltre, i molti proprietari sono costretti a sostenere ingenti spese per ottenere un giusto provvedimento. Firenze è uno degli otto grandi comuni che raccoglie circa il 40% delle sentenze di sfratto emesse nell'anno.

E poi, non si parla mai di dati del turismo e di quali siano le strategie e gli obiettivi di una città che ospita le opere dei più grandi artisti della storia. Nel 2015, solo le Gallerie degli Uffizi hanno attratto oltre due milioni di visitatori, il Grande Museo del

Duomo ha accolto 1,4 milioni di visitatori; il turismo nel 2016 è cresciuto del 21%. Secondo le statistiche dal Centro elaborazioni del Centro studi turistici di Firenze – Città metropolitana di Firenze – la città avrebbe raggiunto nel 2016 oltre 14 milioni di pernottamenti.

Incrociando i dati ufficiali delle presenze presso le strutture alberghiere con l'aumento dei pernottamenti presso le strutture extra-alberghiere si potrebbe affermare che gli Airbnb hanno salvato Firenze dal collasso.

L'aumento del turismo cinese e coreano, la riduzione di entrate da parte del turismo giapponese (maturo e meno curioso) confermano quanto detto nel capitolo precedente: l'Europa e l'Italia sono destinate a diventare il museo del mondo per una crescente Asia desiderosa di viaggiare e scoprire.

A questo punto le istituzioni anziché giocare in difesa dovrebbero iniziare seriamente a domandarsi se vogliano accogliere i tanto desiderati numeri di arrivi oppure se chiudere le porte al turismo di massa. Per gestire numeri sempre più importanti di arrivi serviranno nuove strategie e il settore extra-alberghiero non potrà che giovare alla capitale mondiale dell'arte.

Un'altra stangata al settore extra-alberghiero di Firenze arriva nell'ottobre del 2016 dal nuovo testo unico sul turismo approvato dalla giunta regionale. Il testo prevede che chi affitta per oltre 90 giorni, sia costretto ad aprire Partita Iva equiparando così il padrone di casa a un albergatore.

Per ora sembra che il linciaggio mediatico si sia calmato dopo che Comune di Firenze e turismo extra-alberghiero hanno trovato accordi per il pagamento della tassa di soggiorno. Il settore Airbnb pagherà a Palazzo Vecchio 5-6 milioni di euro l'anno.

## Intossicazione da Airbnb

C'è un terzo nemico di cui non si tiene conto a inizio attività: l'impegno spesso sottovalutato e la resistenza fisica; quello stato d'animo che io definisco "intossicazione da Airbnb". Quando scegliete i mobili, il colore delle tende e vi divertite ad acquistare gli accessori per la vostra casa, l'entusiasmo è al massimo.

Molti padroni di casa non si rendono però conto che l'attività di accoglienza è davvero molto onerosa e vincolante. Nel giro di qualche mese il tuo stato d'animo potrebbe radicalmente cambiare. Di fatto è come se tu stessi aprendo un albergo, l'organigramma è lo stesso, le complessità molto simili. L'unica differenza è che in tutte le caselle di quell'organigramma c'è il tuo nome.

Sarai tu il direttore d'albergo, il responsabile marketing, l'addetto al ricevimento, il portiere di notte, il centralino telefonico, l'ufficio amministrativo, il concierge, il responsabile del personale di servizio, il responsabile del personale addetto alla manutenzione (a volte anche il manutentore), l'ufficio reclami, il parcheggiatore, la guardia notturna e spesso anche l'accompagnatore di viaggio.

Il sistema delle recensioni accenderà la tua competitività, otterrai le prime recensioni a cinque stelle e farai di tutto per mantenerle.

## La prigione del Superhost
Airbnb si è inventato un badge (distintivo) di qualità che si

chiama Superhost e serve a distinguere e premiare i padroni di casa diligenti e super efficienti. Per qualificarsi come Superhost, i proprietari devono soddisfare degli standard minimi che implicano un maggiore impegno nella gestione degli ospiti.

Ovviamente, il profilo Airbnb deve essere operativo e perfettamente aggiornato e le qualifiche sono valide solo per il periodo di qualificazione. Ciò significa che potresti guadagnare il badge ma potresti anche essere revocato.

Cosa si richiede al proprietario per ottenere questa etichetta di super padrone di casa? Per valutare il proprio punteggio è sufficiente aprire la pagina degli *Standard* all'interno del menu della plancia di controllo.

*Tasso di dedizione*

Il primo parametro valutato da Airbnb per la candidatura a Superhost è il tasso di dedizione ovvero il numero di cancellazioni eseguite negli ultimi 365 giorni da parte del padrone di casa.

Questo è probabilmente uno dei punti di debolezza di Airbnb che sposta molte prenotazioni su piattaforme concorrenti.

Ti racconto la mia storia a riguardo. L'anno scorso ho prenotato tramite Airbnb un bellissimo trullo nella zona di Ostuni, in Puglia, per trascorrervi le vacanze pasquali insieme alla famiglia. Poco prima di raggiungere l'immobile ho ricevuto una notifica di cancellazione che ha letteralmente stravolto la nostra vacanza.

Stavo viaggiando con mia moglie, due bimbi piccoli e mio padre di 81 anni, quando abbiamo ricevuto la notizia. La prenotazione è stata cancellata da un Superhost che avevamo selezionato proprio per evitare questo tipo di situazioni ma, ahimè, questo, quando prenoti con Airbnb può succedere.

La telefonata di scuse dal call center di Airbnb è arrivata molte ore dopo quando avevamo già prenotato una struttura alternativa. Purtroppo, nel periodo pasquale non abbiamo trovato molte soluzioni disponibili; gli alberghi erano pieni, altri trulli non ce n'erano, quindi abbiamo dovuto optare per una piccola masseria con due camere separate.

Questa è una cancellazione di cui il parametro Tasso di dedizione terrà conto. La nostra vacanza, rovinata. Il Superhost e Airbnb non sono tenuti a dare spiegazioni in merito alla cancellazione quindi, di fatto, il super padrone di casa avrebbe potuto avere un guasto tecnico o avrebbe potuto semplicemente decidere di vendere il soggiorno a un altro viaggiatore per un prezzo più alto.

*Tasso di risposta*

Il secondo parametro valutato da Airbnb per la candidatura a Superhost è il tasso di risposta, ovvero la velocità con la quale rispondi ai messaggi e alle richieste degli ospiti.

Questo implica che tu ti debba attrezzare di Smartphone e tenere sempre un occhio sulle notifiche di Airbnb. Preparati a dover interrompere una riunione o domandare una pausa a tua moglie sul più bello per rispondere al messaggino di un ospite.

*Valutazione complessiva*

Il terzo parametro valutato da Airbnb per la candidatura a Superhost è la valutazione complessiva – il punteggio assegnato attraverso le stelline – che hai ricevuto dagli ospiti negli ultimi 365 giorni.

Il pannello scende poi nei dettagli, quindi cliccando su "visualizza i dettagli" nel riquadro a destra si apre una schermata più dettagliata che tiene conto anche del numero di viaggi completati, quindi del numero di ospiti che hai accolto in struttura.

Nel mio caso, sebbene il sistema confermi che ho fatto un ottimo lavoro, non ho raggiunto i parametri per diventare Superhost. Quando gestisci un numero alto di immobili sotto lo stesso account, è molto difficile diventare Superhost perché, ovviamente, il sistema calcola una media di valutazione ottenuta da tutti gli immobili.

I requisiti per diventare Superhost vengono valutati ogni trimestre e si basano sull'analisi dei tre mesi precedenti di attività.

I vantaggi che si ottengono diventando Superhost sono quattro:

1) *Incremento della visibilità*: gli ospiti vedranno il distintivo di Superhost associato all'immobile ma non solo. La piattaforma ha creato un sistema di filtri degli immobili che invita il viaggiatore a visualizzare solo i padroni di casa "eccellenti". In

questo modo la maggior parte delle ricerche oggi parte dai Superhost per poi passare agli host meno performanti.

2) *Coupon di viaggio*: i Superhost che conservano il badge, per un anno riceveranno un coupon di viaggio di 100 dollari.

3) *Assistenza prioritaria*: i Superhost ricevono assistenza immediata quando contattano il call center di Airbnb.

4) *Esclusive sui prodotti*: Airbnb inviterà i Superhost a consultare le anteprime di nuovi prodotti e a partecipare a eventi esclusivi.

Spero che un approfondimento sul tema del Superhost abbia contribuito a farti comprendere quanta complessità e quanto impegno si celino dietro alla vetrina colorata degli immobili che scorrono sulle piattaforme elettroniche.

La gestione di una piccola struttura ricettiva può davvero imprigionarti in un castello di obblighi, promesse e incombenze che possono sfociare in una fase di profonda demotivazione e stanchezza.

Il mio intento non è quello di scoraggiare o sconfortare chi sta pensando di entrare nel mondo degli affitti turistici. Al contrario, desidero sensibilizzarti sulla necessità di prepararti a gestire lo stress-lavoro correlato e gli aspetti emozionali del tuo futuro ruolo.

Vedo molte persone che dopo la fase amatoriale della gestione entrano in veri e propri momenti depressivi determinati dal fatto di non avere più una domenica a disposizione, di non poter più andare a cena con gli amici perché, in qualsiasi momento, potrebbe arrivare una prenotazione o un check-in da fare.

Questo tipo di lavoro ti costringerà a dormire con il telefono acceso sul comodino; lo stress e le emozioni derivanti dal contatto con la routine dei viaggiatori (spesso altrettanto stanchi e stressati) possono influenzare la tua persona nella sua globalità, ovviamente compromettendo il rendimento e la motivazione.

Credo pertanto tu abbia compreso che gestire un Airbnb (se così vogliamo chiamarlo) non è come avere un hobby o un passatempo, non è un lavoro che si può fare part-time, nel tempo libero, e non risponde alla pura esigenza di socializzare e fare nuovi amici.

Non sarai tu a dare il ritmo e decidere i tempi. Per continuare a divertirti, a mettere la passione nelle cose che fai come per il primo giorno, dovrai organizzarti. Questo il mio messaggio.

Per il successo della tua attività dovrai avere rispetto per il tuo bisogno di staccare, di fare vacanze e riposarti. Nelle pagine successive parleremo di costi e ricavi: tieni presente fin da ora che, con molta probabilità, avrai bisogno di una mano; mettilo a budget e non risparmiare sul tuo stile di vita.

# Capitolo 4:

# Il quadro normativo italiano

Il quadro normativo mondiale relativo agli affitti turistici è palesemente un *work in progress*.

Un settore così nuovo e di così veloce sviluppo ha lasciato vuoti normativi e confusione che gli stessi legislatori di tutto il mondo stanno cercando di colmare non senza sviste, inesattezze e sbavature; tuttavia, in Italia, sembra le cose si siano un po' assestate.

In questo capitolo cercherò di fare un ingrandimento sullo scenario normativo italiano per poi eseguire qualche confronto e considerazione sugli scenari esteri.

La locazione per periodi inferiori ai trenta giorni in Italia rientra tra le attività turistiche, pertanto occorre tenere presente che il turismo è una materia di competenza regionale: ogni Regione adotta pertanto la sua normativa coerentemente con quanto stabilito a livello nazionale.

L'art. 4 del D.L. 50/2017 convertito definisce "'locazioni brevi' i contratti di locazione di immobili ad uso abitativo di durata non superiore a 30 giorni, ivi inclusi quelli che prevedono la prestazione dei servizi di fornitura di biancheria e di pulizia dei locali, stipulati da persone fisiche, al di fuori dell'esercizio di attività d'impresa, direttamente o tramite soggetti che esercitano attività di intermediazione immobiliare, ovvero soggetti che gestiscono portali telematici, mettendo in contatto persone in cerca di un immobile con persone che dispongono di unità immobiliari da locare".

Le Regioni classificano come attività extra-alberghiere le case per ferie, gli ostelli, i rifugi alpini, gli affittacamere, le case e gli appartamenti per vacanza, gli appartamenti ammobiliati per uso turistico, le strutture ricettive all'aria aperta, le aree attrezzate di sosta temporanea e l'attività saltuaria di alloggio e prima colazione.

I requisiti dell'immobile sono definiti dai regolamenti regionali, tuttavia, potremmo affermare che l'immobile deve essere in regola con le norme urbanistiche, edilizie, igienico-sanitarie e di sicurezza.

Se stai aprendo una struttura ricettiva, ti consiglio di rivolgerti allo Sportello unico per le attività produttive (Suap) del tuo comune di appartenenza, chiedere un appuntamento e ritirare la lista dei documenti e requisiti necessari per aprire l'attività.

Sicuramente dovrai accertarti che la planimetria catastale sia corrispondente allo stato di fatto e che tutti gli impianti abbiano ottenuto le relative certificazioni sulla sicurezza. La normativa locale ti indicherà quali sono i requisiti minimi della struttura, quanti ospiti potrai accogliere e se esistono delle restrizioni sul numero di giorni affittabili.

Alcuni comuni richiedono di presentare una dichiarazione sul titolo di possesso e copia del regolamento condominiale assembleare o contrattuale.

L'articolo 1138 del Codice civile stabilisce che per gli immobili con più di dieci condomini deve essere redatto un regolamento che contenga le norme e le regole che disciplinano l'uso delle aree comuni, la ripartizione delle spese nonché le regole per il decoro e tutela dell'edificio.

Prima di fare investimenti o prendere decisioni ti consiglio di richiedere copia del regolamento all'amministratore di condominio. Quando troverai una clausola che esprime il divieto di destinare gli appartamenti a uso diverso da quello di civile abitazione, sappi che ci sono diverse sentenze della Corte di cassazione che si sono espresse su questo tema davvero molto spinoso.

La Corte di cassazione si è espressa in merito con la sentenza 369 del 2008 in cui si dà ragione al proprietario che aveva presentato la denuncia di inizio attività presso il Comune di Milano.

"Con ordinanza del 23 gennaio 2008, il Tribunale amministrativo regionale per la Lombardia ha sollevato, con riferimento agli artt. 3 e 117, secondo comma, lettera *l*), della Costituzione, questione incidentale di legittimità costituzionale dell'art. 45, comma 4, della legge della Regione Lombardia 16 luglio 2007, n. 15 (Testo unico delle leggi regionali in materia di turismo). [...]

La norma viene censurata sotto due distinti profili. In primo luogo perché essa, prevedendo l'obbligo dell'approvazione dell'assemblea dei condomini per l'esercizio di attività non comportante mutamento di destinazione d'uso dell'immobile, modificherebbe la disciplina codicistica, ingerendosi nella disciplina di rapporti condominiali tra privati, che costituiscono materia di ordinamento civile riservata dall'art. 117, secondo comma, lettera *l*), della Costituzione alla legislazione esclusiva dello Stato.

In secondo luogo, perché essa disciplinerebbe la predetta attività in modo ingiustificatamente difforme rispetto alla corrispondente disciplina dell'attività di affittacamere, per la quale non è prescritta analoga autorizzazione condominiale, nonostante quest'ultima, per sua natura, possa coinvolgere unità immobiliari più estese.

La questione, rilevante nel giudizio *a quo*, è fondata. Questa Corte ha più volte affermato che, nelle materie di competenza legislativa regionale residuale o concorrente, la regolamentazione statale, in forza dell'art. 117, secondo comma, lettera *l*) Cost., pone un limite diretto a evitare che la norma regionale incida su un principio di ordinamento civile.

Questa Corte ha altresì precisato che l'esigenza di garantire l'uniformità nel territorio nazionale delle regole fondamentali di diritto che, nell'ambito dell'ordinamento civile, disciplinano i rapporti giuridici fra privati deve ritenersi una esplicazione del principio costituzionale di eguaglianza (da ultimo sentenze n. 189, n. 95 e n. 24 del 2007).

Nel caso in esame, la specifica norma censurata incide direttamente sul rapporto civilistico tra condomini e condominio. Essa, infatti, pur inserita in un contesto di norme dettate a presidio di finalità turistiche, è destinata a regolamentare l'interesse, tipicamente privatistico, del decoro e della quiete nel condominio.

A tal fine, la disposizione censurata disciplina la materia

condominiale in modo difforme e più severo rispetto a quanto disposto dal codice civile e, in particolare, dagli artt. 1135 e 1138. Tali norme sanciscono che l'assemblea dei condomini non ha altri poteri rispetto a quelli fissati tassativamente dal codice e non può porre limitazioni alla sfera di proprietà dei singoli condomini, a meno che le predette limitazioni non siano specificatamente accettate o nei singoli atti d'acquisto o mediante approvazione del regolamento di condominio.

L'attinenza della norma alla materia condominiale determina, dunque, la lesione dell'art. 117, secondo comma, lettera *l*), Cost. L'accoglimento della questione comporta l'assorbimento dell'ulteriore profilo dedotto".

Secondo la Cassazione non esiste incompatibilità tra le attività turistiche del b&b e il regolamento condominiale ove l'attività di bed and breakfast non comporti conseguenze pregiudizievoli per gli altri condomini. Importante, dunque, che non si rechi danno ai vicini.

Come amministratore di aree comuni, mi sono trovato ad

affrontare questo tema frequentemente. I problemi erano per lo più sollevati dai vicini che non affittavano. I condomini, infatti, sapendo di potersi appellare al tema della sicurezza – e di possibili conseguenti danni – avevano iniziato ad accusare gli ospiti della struttura di non rispettare le regole, fare rumore eccessivo, lasciare aperti gli accessi comuni ecc.

Il problema l'abbiamo risolto con una telecamera a circuito chiuso sponsorizzata da chi lavorava con gli affitti e autorizzata dalla maggioranza dei proprietari. Da quel giorno, non abbiamo mai più avuto problemi o contestazioni.

È tuttavia legittimo per la Suprema Corte di cassazione (sentenza n. 109 del 7 gennaio 2016) impedire l'attività di affittacamere, bed and breakfast quando questa restrizione sia espressamente contenuta nel regolamento condominiale.

"È vietato di destinare gli appartamenti ad uso di qualsivoglia industria o di pubblici uffici, ambulante, sanatori, gabinetti per la cura di malattie infettive o contagiose, agenzie di pegni, case di alloggio, come pure di concedere in affitto camere vuote od ammobiliate o di farne, comunque, un uso contrario al decoro, alla tranquillità, alla decenza, ovvero al buon nome del fabbricato".

Questa clausola parla molto chiaro; se nel regolamento del condominio, dove stai pensando di avviare un'attività ricettiva, trovi questa espressa diffida, non potrai certamente esercitare.

Sebbene non si citi il divieto a esercitare l'attività di b&b, questa, secondo la Cassazione, rientra tra quelle vietate in quanto il bed and breakfast risulta essere riconducibile all'attività di affittacamere.

*Contratto di locazione*
Anche se non esiste l'obbligo di redigere un contratto, io ti consiglio di farlo sempre per iscritto. Per le locazioni brevi non occorre registrare il contratto, ma questo documento serve a mio avviso per tutelare il padrone di casa e ovviamente il viaggiatore.

Io suggerisco sempre di allegare un inventario che descriva dettagliatamente tutti gli arredi e accessori consegnati insieme all'immobile che si sta affittando. Può essere utile anche stabilire quale sia l'importo che l'ospite dovrà pagare in caso di danni.

Ovviamente avrai molti clienti stranieri quindi prepara una traduzione del tuo contratto almeno in inglese perché è un diritto del viaggiatore comprendere ciò che sta firmando.

## Cade la Parity Rate

Una nota legale di particolare interesse, in questo contesto, è l'effetto che ha avuto la caduta della *Parity Rate* sullo scenario normativo italiano. Avrai notato che quando prenoti tramite agenzie di viaggio on line (Ota) come Booking o Agoda, scorrendo le pagine della scheda albergo/immobile trovi sempre una garanzia sul prezzo più basso.

Booking specifica anche nelle applicazioni correlate alla piattaforma che rimborsa le differenze di prezzo stabilendo criteri per ottenere il rimborso della differenza.

Questa, che oggi è divenuta una forma commerciale per convincere il cliente a prenotare presso l'agenzia, senza eseguire confronti con altri canali, fino a qualche anno fa era un'imposizione contrattuale sottoscritta dagli operatori che aderivano alla promozione della propria struttura all'interno della piattaforma. Il provvedimento discusso a Montecitorio nell'ottobre del 2015 ha ottenuto, quasi all'unanimità, la cancellazione di questa clausola.

Nel mondo delle prenotazioni online questa novità rappresenta un cambiamento di rotta molto importante in quanto pone sicuramente fine a una lotta impari tra operatori e multinazionali del turismo. Il mercato delle prenotazioni online vale oltre quattro miliardi.

Colossi come Booking ricevono oltre sette milioni di prenotazioni all'anno. La pressione sulla clausola di *parity* è stata promossa dalla Federalberghi e aveva come finalità principale quella di consentire agli albergatori di proporre tariffe più convenienti all'interno del proprio sito internet o altre agenzie, via telefono e tramite email, senza l'obbligo di pagare ingenti commissioni alle Ota.

Il provvedimento ha avuto una gestazione molto lunga, circa due anni, e finalmente ha adeguato il bel Paese agli altri attori europei che intervennero molto prima.

Nell'agosto del 2017 il disegno di legge è stato definitivamente approvato dal Senato nel medesimo testo già passato dalla Camera. Il provvedimento rappresenta un importante successo per Federalberghi, come sottolinea il presidente Severino Beri:

"Ci siamo battuti perché questo provvedimento fosse inserito nella legge sulla concorrenza: siamo molto soddisfatti del risultato finale. Si tratta di una decisione ispirata dal buon senso, che stabilisce un nuovo e più corretto equilibrio nel rapporto tra le imprese ricettive e le multinazionali dell'intermediazione. In questo modo inoltre vengono ristabilite parità di condizioni tra il sistema turistico italiano e quello di importanti Paesi concorrenti".

I primi a beneficiare dell'annullamento della clausola di *Parity Rate* saranno certamente i consumatori. Molti viaggiatori, infatti, non sapevano che quando il portale garantiva il miglior prezzo, in realtà stava proibendo all'albergo o alla struttura ricettiva di offrire una tariffa migliore.

## Aspetti fiscali

I privati che occasionalmente affittano alloggi a turisti non hanno l'obbligo di aprire la Partita Iva perché non esercitano l'attività a livello professionale e imprenditoriale.

Il Decreto legge 50/2017 stabilisce che è possibile pertanto applicare le disposizione in materia di "cedolare secca" sugli affitti per brevi periodi, senza considerare l'abbattimento forfettario del 5% previsto nel regime di tassazione ordinaria dei canoni di locazione.

L'applicazione della cedolare secca non modifica la qualificazione reddituale dei proventi derivanti da tale contratto, pertanto significa che, se opti per la cedolare secca, pagherai il 21% sui corrispettivi riscossi. In questo caso non sono ammesse detrazioni dei costi, la cedolare viene calcolata sul reddito lordo complessivo.

Facciamo dunque un esempio: se hai ricevuto una prenotazione di

100 euro da Booking.com, che prevede tra i ricavi un corrispettivo di recupero delle spese di pulizia pari a 12 euro e un costo di commissioni di agenzia del 12% (Booking.com), il corrispettivo lordo tariffa sarà:

| | |
|---|---|
| CANONE DI AFFITTO | 100,00 |
| RECUPERO SPESE DI PULIZIA | 12,00 |
| TOTALE CORRISPETTIVO | 112,00 |
| COMMISSIONI AGENZIA DI VIAGGIO | 13,44 |
| CEDOLARE SECCA 21% | 23,52 |
| CORRISPETTIVO LORDO | 75,04 |

Valori in Euro (Fonte Holiplanet – Affittiabreve.com)

In questo caso commissioni e cedolare secca riducono il corrispettivo lordo a 75,04 euro. Parliamo sempre di corrispettivo lordo perché da questo importo dovrai poi dedurre gli altri costi variabili e costi fissi relativi alla gestione della camera (pulizie, utenze ecc.).

In sintesi, la cedolare secca non consente abbattimenti della base imponibile ma fornisce una buona soluzione di risparmio per chi ha altri redditi da dichiarare oltre a quello derivante dalla locazione.

Un interrogativo riguarda la definizione di un confine tra reddito fondiario e reddito diverso: in presenza di un comodato d'uso o affitto vuoto per pieno, l'allocazione del reddito proveniente dagli affitti brevi consentirebbe la detrazione dei costi (manutenzioni, pulizie, utenze ecc.) se inserito tra i redditi diversi, mentre sarebbe negata nell'ambito dei redditi fondiari.

Secondo un articolo apparso su "Il Sole 24 Ore", tale confine sarebbe da ricercarsi tra i servizi offerti dal padrone di casa. La fornitura di biancheria, pulizie e utenze (compreso il wi-fi) consentirebbe al proprietario di optare per la cedolare secca mentre l'offerta di servizi extra (servizi Home restaurant, noleggio autovetture ecc.) farebbero ricadere i corrispettivi riscossi per gli affitti brevi all'interno dei redditi diversi.

Il D.L. 50 prevede questa possibilità solo per il sub-locatore e comodatario non per il proprietario. Il proprietario ha solo fondiario (5% o cedolare) o impresa (se lo diventa). In conclusione, può optare per la cedolare secca:

1. Chi sottoscrive affitti inferiori ai 30 giorni
2. Chi stipula dopo il 1° giugno 2017
3. Chi possiede un'unità immobiliare ad uso abitativo
4. Chi affitta è una persona fisica

In caso di sub-locazione (vuoto per pieno) o comodato, il reddito fondiario resta in capo al titolare del diritto reale sul bene, pertanto il comodante (chi dà in comodato il bene) rimane obbligato a dichiarare il reddito fondiario derivante dall'immobile oggetto del contratto e il comodatario (chi ha preso in comodato il bene) o sub-locatore è tenuto a dichiarare i ricavi degli affitti tra i redditi diversi, potendo scegliere tra regime di cedolare secca o applicazione del reddito Irpef sul netto, dopo l'abbattimento dei costi.

Per le locazioni concluse tramite intermediari, il nuovo disegno di legge prevede inoltre l'obbligo di effettuare una ritenuta d'acconto quando questi versano al locatore la somma incassata.

Tale novità prevede, dunque, che l'intermediario diventi responsabile d'imposta (o sostituto d'imposta), avendo pertanto l'obbligo di comunicare all'Agenzia delle entrate i dati dei contratti di locazione breve e trattenere una somma, pari al 21% del canone, nel caso in cui intervengano nel pagamento o incassino i corrispettivi.

Per esempio, quindi, l'agente immobiliare o l'agente di viaggio (Ota) è tenuto a comunicare i dati del contratto e incassare l'imposta.

**Comunicazioni alla Pubblica sicurezza**
Una volta iniziata l'attività, dovrai comunicare alle autorità di Pubblica sicurezza le generalità degli ospiti. Le comunicazioni sono eseguite per via telematica; chiedi pertanto informazione alla questura e alla provincia per comprendere come dovranno essere trasmesse.

Se non hai un Channel Manager o un Crm abilitato per

l'estrazione dei dati della prenotazione, dovrai manualmente compilare i moduli predisposti dalle autorità: pertanto dovrai dedicare una media di trenta minuti del tuo tempo alla registrazione dell'ospite sulle piattaforme web delle istituzioni. Tienilo a mente.

I sistemi informatici per la registrazione degli ospiti sono spesso lenti e obsoleti, e, soprattutto, non collegati tra loro, quindi per comunicare le generalità di un ospite dovrai inviare una comunicazione alla Provincia, una alla Questura e infine una al Comune per le tasse di soggiorno (della tassa di soggiorno ne parleremo subito dopo).

**Tasse di soggiorno**

La tassa di soggiorno si riferisce al pernottamento e l'ammontare varia a seconda della municipalità. Sono normalmente calcolate sulla base della tariffa con l'aggiunta di costi come spese di pulizia o ospiti aggiuntivi.

In alcune città la tassa di soggiorno è calcolata a persona, per notte. Alcune agenzie di viaggio (come Airbnb) non incassano la tassa di soggiorno pertanto sarà tua cura richiederla all'arrivo dell'ospite e rilasciare una ricevuta.

Altre agenzie (come Booking) invece la calcolano per conto della struttura e la indicano come costo all'ospite durante la procedura di prenotazione ma non la incassano direttamente.

# Capitolo 5:
# Uno sguardo all'estero

*Danimarca*

Copenaghen dice sì agli affitti turistici. In un convegno internazionale un portavoce ha dichiarato che senza Airbnb il 25% dei turisti non si sarebbe recato in Danimarca.

Il portavoce Ida Bigum a "Cph Post" in un convegno sul turismo ha dichiarato: "Il Comune di Copenaghen non vede Airbnb come un problema, il mercato immobiliare di Copenaghen e il settore del turismo non hanno avuto nessun impatto negativo a causa di Airbnb".

Airbnb in Danimarca è sicuramente in concorrenza con le forme tradizionali del turismo, ma ha un valore sperimentale, in quanto incoraggia molti turisti a viaggiare in modo diverso, mediante il contatto con la gente del posto, sentendosi così parte di una comunità e potendo scoprire meglio il fascino dei quartieri residenziali tradizionali.

Per parlare di fisco, il governo danese, il 9 ottobre 2017 ha presentato in Parlamento l'iniziativa per la nuova tassa Airbnb. Il ministro delle Finanze, Karsten Lauritzen, ha dunque dichiarato:

"Al momento non è possibile applicare un'imposta che obblighi le aziende digitali, come Airbnb, a dichiarare i redditi prodotti alle autorità del Paese. Non sono presenti strumenti legali a sufficienza a far sì che questo accada".

Le Istituzioni, anzi, hanno deciso di incentivare la crescita di questo segmento portando da 24.000 a 36.000 corone la cifra minima che i contribuenti dovranno dichiarare per i canoni ricevuti da affitti brevi. Si tratta di un incentivo fiscale all'interno di un pacchetto di riforme che tende a incentivare la crescita della *sharing economy*.

*Ungheria*
A Budapest Airbnb va forte, ma stanno entrando in atto importanti modifiche, dai singoli distretti della città.

"La normativa relativa agli affitti turistici a breve termine (gestiti per lo più da Airbnb) sta subendo cambiamenti che possono essere definiti radicali dal punto di vista degli investitori".

Le amministrazioni locali di Budapest stanno modificando i requisiti e adottano un ordinamento sempre più stringente riguardo all'attività tipo Airbnb.

"Il *party district*, uno dei più gettonati dal punto di vista turistico, soprattutto per i giovani, target ideale di Airbnb – ha approvato l'integrazione in un decreto municipale che prevede che tutti gli edifici residenziali dovranno includere nel relativo regolamento l'eventuale permesso per operare come alloggio turistico".

Questo vuol dire che un'abitazione residenziale può essere concessa a breve solo se ciò è previsto dal regolamento condominiale. La legge non sarà applicata nei confronti dei "permessi Airbnb" già concessi, ma, se l'appartamento viene venduto, il nuovo proprietario non potrà continuare l'attività. Questo è l'approccio più stringente preso finora nella città.

*Austria*

Spostandoci dall'Ungheria all'Austria, vediamo che (anno corrente 2017) le regole si sono fatte più severe per Airbnb ma queste riguardano soprattutto la sfera fiscale.

Secondo la città di Vienna, i privati che affittano i loro appartamenti tramite Airbnb spesso non pagano la *city-tax* e di conseguenza la città è privata di un introito importante che potrebbe essere utilizzato per sostenere il turismo domestico.

Le Istituzioni lamentano che è molto difficile tenere traccia dei pagamenti perché non esistono dati sui proprietari privati e quindi una nuova legge servirebbe a colmare tale vuoto normativo poiché costringerebbe Airbnb a cooperare con la città nella raccolta delle imposte locali.

Airbnb dovrebbe quindi impegnarsi a fornire alla città di Vienna gli elenchi con i dati dei padroni di casa che in città affittano abitazioni private, oppure diventare sostituto d'imposta e quindi incassare direttamente le imposte, per poi riversarle all'agenzia delle entrate.

*Spagna*

Tira una brutta aria in Spagna ma, come sempre, non tutti i mali vengono per nuocere. A Barcellona gli appartamenti per vacanze e le agenzie che li propongono sono visti come gli "untori" di un morbo che a malapena è tollerato dai residenti.

Nella città catalana il malcontento si è concretizzato in proteste e cortei e in altre città si stanno introducendo leggi per regolamentare il numero di appartamenti da mettere a disposizione per gli affitti-vacanza.

I protestatari dicono:
"Questo non è turismo, è un'invasione". "Le case-vacanza ci costringono a traslocare".

Mentre la capitale spagnola è alle prese con il fenomeno degli affitti turistici, i residenti alzano la voce lamentando disagi a non finire, così implementano leggi e regolamentazioni limitando la possibilità di ottenere permessi per fare affitti brevi.

La conseguenza? I prezzi degli appartamenti autorizzati a fare affitti brevi sono andati alle stelle e la domanda, per questo tipo di immobili, si è impennata. Stando a nuove regole, in vigore da giugno 2017, i gruppi di proprietari di appartamenti in condominio saranno in grado di esercitare il diritto di bando a tutto quei proprietari che vorranno affittare i loro appartamenti ai turisti.

Le nuove leggi tendono anche a far pagare sanzioni ai siti web di affitti, qualora le regole di una coabitazione civile non fossero rispettate dai clienti. Le abitazioni destinate a uso turistico dovrebbero essere registrate in uno speciale elenco regionale; tuttavia questa regola viene largamente ignorata da Madrid.

Nelle città principali gli argomenti utilizzati per combattere il fenomeno Airbnb sono quasi sempre gli stessi: sicurezza, disturbi arrecati al vicinato, assenza di appartamenti per i residenti e concorrenza sleale al mondo degli albergatori.

Le repliche di Airbnb non si sono fatte attendere; a Barcellona, per esempio, un portavoce dell'azienda ha puntualizzato che gli affitti tramite la società costituiscono appena il 2% della somma totale dei vani disponibili sul mercato, e che quindi non possono essere considerati come i principali responsabili della mancanza di affitti a prezzi accessibili.

*Portogallo*
Nel 2015 il Portogallo ha introdotto nuove norme che disciplinano il turismo permettendo a molti abitanti di Lisbona di affittare le proprie case. Queste regole sono applicate anche nel resto del Paese.

Lisbona ha mostrato segnali incoraggianti, accettando di sottoscrivere, insieme ad Airbnb, un accordo per promuovere una forma di *home sharing* responsabile, semplificando i pagamenti delle tasse turistiche.

Il nuovo processo di tassazione, introdotto nel 2016 permette ad Airbnb di riscuotere le tasse turistiche pagate dai clienti, per conto dei proprietari; questa procedura garantisce alla città di Lisbona un introito finanziario alquanto interessante.

Airbnb e la città collaboreranno dunque per costruire una

comunità trasparente e aperta, e aiutare la crescita del turismo; l'intento è di rendere Lisbona un luogo migliore dove vivere, lavorare e andare in vacanza.

João Paulo Saraiva, membro del Consiglio comunale di Lisbona, ha dichiarato: "L'implementazione dell'accordo con Airbnb è un passo molto importante per la semplificazione delle procedure di tassazione e rappresenta un contributo per la nostra economia, la creazione di posti di lavoro oltre che per gli introiti di tante famiglie".

*Olanda*
Amsterdam non è nemica di Airbnb ma regola il settore. Di fatto, Amsterdam è la prima citta al mondo ad aver riconosciuto ufficialmente la formula Airbnb. Il Consiglio comunale di Amsterdam ha però inflitto una multa record di 297.000 euro a un padrone di casa che ha infranto le regole.

Amsterdam permette alle persone di affittare le proprie case attraverso i siti web quali Airbnb per un massimo di 60 notti all'anno e per non più di quattro persone, a condizione che possiedano la proprietà o non vivano in alloggi sociali.

Dal 1° gennaio 2017 è entrata in vigore una normativa che mira a rendere più facile per i residenti privati ospitare in casa; allo stesso tempo tale normativa vuole eliminare tutti gli host illegali, che esercitano abusivamente.

La nuova categoria di "alloggi" prevede che chi affitta sia residente e viva nello stesso alloggio e che svolga l'attività in maniera soltanto occasionale e non imprenditoriale.

Chi affitta, inoltre, sarà tenuto a pagare le tasse sui redditi degli affitti e le tasse di soggiorno. Se l'attività di affitto causa rumori o lamentele da parte dei vicini e se l'attività è in forma di business, il comune può intervenire e revocare i permessi.

Il Consiglio comunale di Amsterdam, infatti, ha approvato un documento che riconosce per la prima volta al mondo la validità della formula di Airbnb; è stato quindi trovato un nuovo accordo che, dicono, "ridurrà" danni e disturbi ai vicini.

Airbnb ha accettato di far partire una procedura che i residenti possono utilizzare per lamentarsi di inquilini rumorosi o aggressivi. La norma prevede anche un tetto massimo che limita le entrate generate dagli affitti turistici che non deve superare i 700 euro al mese.

L'immobile deve anche rispettare la normativa antincendio, e possono essere ospitate al massimo quattro persone contemporaneamente.

Secondo Airbnb, i proprietari hanno affittato i loro immobili per una media di 28 giorni l'anno, guadagnando circa 3.800 euro.

*Germania*
Volando a Berlino, vediamo che dalla capitale tedesca è stato dato un severo stop ad Airbnb: "Ai turisti solo camere, non intere case".

Dal Primo maggio, infatti, è in vigore nel territorio della capitale tedesca una norma che penalizza notevolmente la potenzialità della piattaforma Airbnb.

Per affittare l'intera casa ci vorrà una licenza che in poco più di seimila hanno richiesto, trasformandosi di fatto in bed and breakfast regolari.

Per tutti gli altri rimane solo la modalità "affittacamere", decisamente meno ammaliante. La ragione fondamentale, a Berlino come in altri casi internazionali, è il timore che la trasformazione delle abitazioni in hotel, più o meno improvvisati, possa sconvolgere ancora di più i già carissimi mercati delle abitazioni, generando, mese dopo mese, un'impennata degli affitti e restringendo le opportunità di alloggio per chi, in un posto, voglia viverci a lungo.

La nuova legge, approvata dal Senato locale nel 2013 e ora in vigore dopo i due anni di transizione scattati nel 2014, "è uno strumento necessario contro l'allarme abitativo a Berlino" – ha spiegato Andreas Geisel, capo dello Sviluppo urbano della città, il quale ha poi reiterato "Sono assolutamente determinato a rendere questi appartamenti disponibili per i berlinesi e per chi vorrà venire a vivere in città".

Qualche numero? Gli affitti, pur in una città nota fino a qualche tempo fa per una relativa economicità rispetto ad altre metropoli del Vecchio continente, sono cresciuti del 56% fra 2009 e 2014.

L'indotto perso dalle tradizionali catene alberghiere in virtù del boom turistico degli ultimi anni si aggira invece intorno ai 6,1 milioni di pernottamenti l'anno.

"I berlinesi vogliono regole semplici e chiare per l'*home sharing*" – ha replicato un portavoce della filiale tedesca di Airbnb –. Noi continueremo a incoraggiare gli amministratori ad ascoltare i cittadini e a seguire l'esempio di altre grandi città come Parigi, Londra, Amsterdam o Amburgo, e a creare nuove regole per le persone comuni che vogliano condividere la propria abitazione".

A questo punto ci si può ragionevolmente chiedere: "Cosa rischia chi non rispetta le regole?". Multe fino a 100.000 euro.

Da poco tempo è in vigore a Berlino la legge contro le case-vacanza detta anche "anti-Airbnb", concepita per proibire l'uso "non abitativo di un appartamento" (Zweckentfremdung der

Wohnraum), ed è già un discreto fallimento.

I problemi e le mancanze di questa legge erano già stati segnalati da tempo, ma ora ad accorgersene sono anche i giornali in lingua tedesca fra cui il popolare quotidiano di sinistra "Tageszeitung" o "Taz". In un loro recente articolo è descritto, infatti, come si tratti di una legge scritta male, lesiva dei diritti dei proprietari e degli affittuari.

Una decisione del Landeright Berlin ha stabilito che affittare il proprio appartamento a dei turisti mediante la mediazione di Airbnb giustifica un immediato annullamento dell'accordo di locazione. Un padrone di casa può recedere dal contratto con effetto immediato, se l'inquilino ha affittato ai turisti la sua casa attraverso il portale internet.

*Russia*
Un altro mercato da tempo in via di espansione, grazie anche ai cambiamenti politico-sociali avvenuti dopo la caduta del Comunismo, è quello russo.

Oggigiorno in Russia ci sono 42.000 alloggi registrati sul sito di Airbnb. In rapporto al territorio non sono molti, però denotano che il mercato sta partendo. A confermare il dato, è il tasso di crescita del 96%; la Russia è uno dei mercati di Airbnb che si sviluppa più rapidamente.

Il settore degli affitti in Russia stava decisamente stagnando fino al momento in cui Airbnb è sbarcata in questo Paese. Tatiana Veller, consulente della Jll Real Estate ha dichiarato che "Non esiste nessun servizio o settore dell'*accommodation* in Russia, quindi le persone che non possono permettersi di pagare le cifre esorbitanti degli hotel tradizionali, devono per forza rivolgersi a servizi come Airbnb e pernottare in appartamenti privati.

I cittadini Russi – specialmente pensionati – utilizzano la piattaforma come metodo per integrare i loro guadagni, subaffittando le camere non utilizzate delle proprie case.".

Un affitto medio di Airbnb è di 2.700 rubli a notte (48 dollari circa) e il salario medio si aggira intorno ai 36.000 rubli (circa 650 dollari) al mese, ecco quindi che diventa facile intuire che

Airbnb può rappresentare un'interessante fonte di reddito.

*New York*

A New York è vietato affittare un appartamento per meno di un mese, mentre è possibile affittare una camera del proprio appartamento. Quindi molti degli annunci sono teoricamente vietati, a meno che il padrone di casa non coabiti.

Dal 2010 è in vigore una legge che impedisce di affittare un intero appartamento in un condominio per meno di 30 giorni, ma la regola non si applica alle villette. Per rendere la norma più stringente, lo scorso ottobre è stata presentata una proposta di sanzioni contro gli irregolari.

"Airbnb e l'amministrazione di New York hanno dichiarato di voler collaborare per affrontare insieme il tema della scarsità di alloggi che affligge la città", spiega la società.

Airbnb è da tempo impegnata a sensibilizzare i propri host al rispetto della legge del 2010. Nel 2015 la piattaforma ha rimosso circa 3.400 annunci sospetti. Il 96% degli annunci presenti sulla piattaforma è di stanze singole ed è in concorrenza diretta con il mondo degli alberghi.

Nell'ottobre del 2016, lo Stato di New York ha minacciato gli host Airbnb con multe fino a 7.500 dollari solo per la pubblicazione sul sito; a seguito di questo, Airbnb ha citato in giudizio la città di New York.

Secondo Airbnb la nuova legge viola il primo emendamento della Costituzione e anche una legge federale (Communications Decency Act) secondo la quale i siti non possono essere ritenuti responsabili per i contenuti pubblicati dai loro utenti. Per evitare procedure legali la compagnia, infatti, dovrebbe controllare ogni singolo annuncio pubblicato sul sito (cosa che altre agenzie fanno da anni).

*California*
La città natale di Airbnb ha dato non poco filo da torcere alla piattaforma. Adesso San Francisco sta operando secondo un'ordinanza resa effettiva a partire da febbraio 2015, che rende legali gli affitti a breve termine su tutto il territorio cittadino.

Prima di questa legge erano vietati tutti gli affitti residenziali inferiori ai 30 giorni – questo divieto aveva contribuito a rendere illegale la maggior parte degli affitti di Airbnb (sebbene la legge venisse applicata molto di rado).

La legge tuttavia impone un numero di restrizioni sugli affitti a breve termine. L'ordinanza si applica a tutti i condomini che contengano una o più unità abitative che sono di proprietà o affittate da individui residenti a San Francisco in modo permanente. I residenti che vivono a San Francisco, per meno di 275 giorni l'anno, non possono fare affitti brevi.

Il proprietario di più unità immobiliari può registrare e affittare soltanto l'unità immobiliare nella quale risiede. Per i non-residenti la legge limita gli affitti a 90 giorni l'anno.

Per i trasgressori la multa giornaliera va dai 480 ai 900 dollari. Agli host è inoltre richiesta una copertura assicurativa di responsabilità civile con copertura di almeno 500.000 dollari e il rispetto di tutte le regole del codice condominiale. La tassa sulle locazioni brevi è del 14%, incassata dai padroni di casa e corrisposta alla City.

Qualsiasi host che guadagni più di 40.000 dollari l'anno deve ottenere un *certificate* che gli dia l'autorità di raccogliere le tasse e di pagarle mensilmente. Tutti gli altri dovranno pagarle annualmente.

A pochi chilometri da San Francisco lo scenario varia di città in città. Due mesi fa girovagavo per la Napa Valley e ho scoperto che l'amministrazione locale ha contingentato le licenze per case vacanze e b&b. Quella sera gli alberghi erano pieni, quindi ho dovuto percorrere due ore in auto in mezzo al traffico dell'ora di punta per raggiungere il primo motel disponibile.

La mattina seguente sono andato ad aprire un conto corrente alla Wells Fargo Bank di Mill Valley a poco più di un'ora di auto dalla Napa Valley. Il funzionario, quando ha saputo che mi occupavo d'immobiliare, si è affrettato a consigliarmi di comprare vecchie case, ristrutturarle e "fare Airbnb".

In quella zona della California le licenze sono libere e sembra che i padroni di casa stiano facendo ottimi affari con gli affitti brevi. Anche in California le regole mutano a distanza di pochi chilometri a dimostrare che persino in uno Stato così emancipato esistono resistenze al cambiamento anche in presenza di una domanda forte.

*Indonesia*

Fare affitti a breve è legale e consentito dalla legge a patto che l'immobile abbia ottenuto una licenza denominata *Pondok Wisata*. Ottenere questo tipo di licenza costa al padrone di casa dai 5 ai 10.000 euro e ottenerla non è sempre facile.

Il rilascio della licenza è subordinato a precisi piani urbanistici definiti dalle autorità locali e concesso solo a chi ha adeguato l'immobile a parametri di sicurezza. Il mondo Airbnb opera per lo più nell'illegalità ma sono iniziati i controlli.

Per adesso le tasse sono ragionevoli e si aggirano intorno all'11%. Il mercato degli affitti turistici è stato disciplinato un paio di anni fa e le autorità locali hanno iniziato a eseguire controlli prenotando le strutture e fingendosi turisti. Anche in questo caso la pressione maggiore è derivata dal mondo alberghiero.

*Thailandia*

Stavo per avviare la costruzione di un condominio di 180 appartamenti quando la legge è cambiata. Nel Nord della Thailandia, a cavallo tra il 2014 e il 2015, gli ufficiali governativi hanno iniziato a mettere sigilli ai condominî che facevano affitti turistici.

Il governo thailandese ha deciso che i condominî non avrebbero più potuto affittare a breve così anch'io sono stato vittima di questo cambio di rotta e sono stato costretto a gettare nella spazzatura progetti, permessi e due anni di lavoro.

Il cambio di tendenza mi è costato oltre 100.000 euro, ho dovuto ridisegnare il progetto e avviare le pratiche per richiedere una licenza albergo. Fortunatamente il nuovo progetto è piaciuto pertanto, molti dei clienti che avevano acquistato, sono stati trasferiti sul nuovo progetto.

Adesso, i privati che vogliono affittare a breve devono ottenere un permesso dal Municipio mentre ai costruttori, per fare affitti turistici, è richiesta una licenza hotel.

**Conclusioni**

Penso tu abbia letto tra le righe che il mondo ha accolto questa rivoluzione popolare seppure con qualche riserva. La maggior parte delle leggi tende a stabilire regole e tasse e fondamentalmente pone confini necessari a proteggere i residenti, gli albergatori e, ovviamente, incamerare imposte.

Nella maggior parte dei casi, i limiti dettati dalle istituzioni si superano pagando licenze o aprendo posizioni fiscali che consentano allo Stato di generare maggiori imposte.

Il mondo si muove, il turismo è in aumento, la nostra bella Italia e molte altre destinazioni europee sono letteralmente invase da un'ondata di turismo di massa che con molta probabilità aumenterà nei prossimi anni; il settore degli affitti a breve non ha fatto altro che aprire un nuovo segmento, una nuova offerta capace di soddisfare una clientela meno facoltosa, più giovane e indipendente.

L'economia Airbnb ha creato nuovi posti di lavoro che prima non esistevano: il Rental manager, il Co-host, l'Home stager e la guida locale. Secondo i dati trasmessi da Airbnb – attraverso uno studio condotto in collaborazione con Sociometrica – in Italia, la comunità Airbnb ha contribuito nel 2015 a un beneficio economico complessivo di 3,4 miliardi di euro (0,22% del Pil), supportando l'equivalente di 98.400 posti di lavoro.

Le Istituzioni italiane si sono affrettate ad approvare un decreto che regolasse e garantisse l'incasso della cedolare secca ma, sembra, comunque, che abbiano dimostrato una certa ampiezza di vedute, accettazione e indulgenza nei confronti del settore.

# Capitolo 6:
# Come definire i tuoi obiettivi

A questo punto hai compreso qualcosa di più del settore micro ricettivo e del mercato di riferimento. Certo, abbiamo parlato solo dei punti di forza, minacce e opportunità e magari non hai abbastanza elementi in tuo possesso per decidere quale ruolo e quali obiettivi prefiggerti.

Forse ti starai chiedendo come si può generare reddito in questa nicchia immobiliare e come ci sia riuscito io. In verità coesistono diversi modelli di business attuabili che consentono di entrare nel settore e allargare il giro di affari attraverso le locazioni brevi.

Prima di addentrarci nello specifico dei possibili modelli di business, vorrei verificare se siamo allineati sulla definizione di ricchezza.

Non fraintendermi, non sto cercando di allontanarmi

dall'argomento, anzi. Il tema dei soldi, se vivi un contesto aziendale o desideri diventare un uomo d'affari, è certamente all'ordine del giorno perché fare soldi è l'obiettivo di tutti gli imprenditori, quindi è opportuno parlarne apertamente e fare chiarezza su questo aspetto.

Partiamo da un presupposto fondamentale: se hai come obiettivo fare soldi non li farai. Lo so che sembra assurdo ma è così. I soldi non possono mai essere un obiettivo, uno scopo, un fine. I soldi sono una conseguenza, l'esito di un obiettivo vero, il risultato derivante dalla qualità delle tue idee e azioni.

Inoltre, i soldi sono un mezzo e non un fine. Faccio un esempio banale ma che rende l'idea: puoi mangiare i soldi? No. I soldi sono un mezzo per poterti permettere una cena in un bel ristorante, quindi non un fine ma un mezzo.

In passato mi sono occupato di consulenza aziendale e *coaching*. Nell'ambito dei corsi di formazione, chiedevo sempre quali fossero gli obiettivi dei partecipanti e le risposte erano ogni volta più o meno queste: una bella macchina sportiva, un catamarano, una villa con piscina ecc. Questo è il primo problema.

Basta sostituire l'obiettivo e probabilmente inizierai ad avere successo. In questo libro si parla di settore immobiliare, nello specifico di affitti brevi.

Se la tua carriera inizia da una piccola struttura ricettiva, il tuo obiettivo potrebbe essere quello di avere mille clienti soddisfatti, di essere riconosciuto come il miglior b&b della città, di essere la casa-vacanze più bella e accogliente della tua zona, o semplicemente di aiutare cento, mille viaggiatori all'anno a conoscere bene i segreti, gli usi, i costumi e le tradizioni della tua gente.

Questo è un obiettivo sano che porta a conseguenze positive e indirettamente genera successo e ricchezza.

Nel 2006 ho iniziato a lavorare come costruttore, il mio obiettivo era costruire una villa più bella, più accogliente, più attraente rispetto alla concorrenza e quindi il mio intento era avere quattro clienti felici di vivere nella casa che avevo costruito per loro.

Il fatto di avere perseguito questo obiettivo, di essermi concentrato sul design, sui dettagli, sugli arredi e di aver definito un prezzo attraente, in autonomia – senza rincorrere le logiche di prezzo decise della concorrenza – mi ha consentito di partire.

Appena ho compreso che per i clienti era molto importante il servizio di post-vendita legato alla gestione degli affitti, ho rimodellato immediatamente l'offerta e puntato l'accento sui servizi di *Rental management.*

Il mio schema di business quindi si è evoluto nel tempo e si sono progressivamente modificati anche gli obiettivi. Quando ho capito che per i proprietari ricevere costantemente mail nelle quali si chiedevano fondi o anticipi per eseguire riparazioni (mantenere una villa ai Tropici è molto complesso e costoso) era piuttosto scomodo e fastidioso, ho formulato nuovi modelli di business che evitassero questa situazione.

Il mio obiettivo era rendere più piacevole e meno stressante l'acquisto di una proprietà ai Tropici. Così ho creato un *Rental Pool* e mi sono inventato la formula del *Co-hosting*, attraverso la

109

quale la società di management finanzia i propri costi di manutenzione ordinaria, paga le utenze, gestisce gli affitti per conto del proprietario, senza interpellare il padrone di casa costantemente.

Le posizioni di dare-avere sono definite ogni trimestre e non tutte le volte che si rompe una guarnizione della doccia. Per tre mesi ai clienti non sono quindi richiesti fondi per coprire le spese di manutenzione.

Quando chiudiamo i conti del trimestre, le entrate derivanti dagli affitti sono quasi sempre superiori alle spese quindi i proprietari hanno una percezione positiva e provano meno stress; quando vengono in vacanza ritirano i dividendi.

Ovviamente questa formula è piaciuta da subito e mi ha consentito di riaccendere l'interesse delle agenzie immobiliari locali, permettendomi di vendere e completare un progetto di dodici ville in soli diciotto mesi. La mia più grande soddisfazione è stata sentirmi dire da un compratore:

"Andrea, è fantastico, veniamo in vacanza per ritirare soldi e ci godiamo una casa mantenuta impeccabilmente... Grazie".

Con l'arrivo del mercato asiatico sono arrivati i clienti cinesi, in cerca di nuove forme d'investimento. Ho dovuto pertanto inventare un nuovo modello di business che fosse interessante per questa fascia di clientela; ho rivisto gli obiettivi e sono passato a uno schema diverso che offra rendite garantite.

Così, le mie case-vacanza stanno sempre più diventando veri e propri prodotti finanziari. Per il cliente, la rendita garantita oggi è più importante della casa stessa; i servizi di management in un settore in fase di maturità sono ormai dati per scontati.

Il cliente vuole vivere la casa poche settimane l'anno poi ottenerne un reddito garantito. Il mio obiettivo è quindi aiutare i clienti a ottenere una rendita garantita senza preoccuparsi della gestione e consentendo loro di utilizzare la casa uno o due mesi l'anno.

L'obiettivo del leader mondiale nelle prenotazioni online è chiaro:

nel sito ufficiale di Priceline, proprietaria di Booking.com e altri siti, la mission è pubblicata sulla home page: "Aiutare le persone a esperire il mondo".

In effetti, Booking ha cambiato il modo di prenotare e oggi chiunque può "esperire" il mondo senza fare interminabili incontri con gli agenti di viaggio.

L'obiettivo di questo libro non è ricavarne dei soldi dalle vendite, ma raccontarti come funziona un settore e fornire una mappa di orientamento per un mondo che non conosci o conosci poco, in una parola: aiutarti.

Spero tu abbia compreso cosa significhi avere un obiettivo sano. Più il tuo obiettivo sarà chiaro nella tua mente e più soldi farai, ma ricorda: i soldi non sono mai un obiettivo ma sempre una conseguenza.

Bene, chiariti gli obiettivi, adesso cerchiamo di capire davvero cosa significhi "generare ricchezza". Anche su questo argomento c'è molta confusione.

Fai un sondaggio, chiedi a cento persone cosa significhi ricchezza e riceverai cento risposte diverse. Io ci ho provato e posso dirti che nessuno davvero lo sa. Certo, per un disoccupato essere ricchi significa sbarcare il lunario, pagare le bollette di fine mese e potersi permettere una vacanza.

Per un impiegato annoiato essere ricchi significa non dover più svolgere quel lavoro e magari vivere di rendita, ma nessuno, davvero nessuno, riesce a definire un confine preciso perché in realtà un confine preciso non esiste.

Qualche anno fa sono stato invitato a prendere un aperitivo su un yacht di 26 metri che credo costi intorno ai tre milioni di euro. Il proprietario della barca è un industriale affermato che aveva da poco venduto le quote della sua società a una multinazionale.

Durante il viaggio mi raccontò la storia del suo successo e di come fosse riuscito a fare fortuna. A un certo punto si avvicinò una barca di 160 metri, dotata di due eliporti (sarebbe più opportuno chiamarla nave) che credo fosse di proprietà del magnare russo Roman Abramovič.

L'industriale tacque e noi ci siamo immediatamente sentiti come seduti su una canoa a osservare quel transatlantico; il ricco imprenditore italiano, guardandomi negli occhi mi disse: "Andrea, credersi ricchi è indubbiamente un punto di vista".

Vediamo tecnicamente, con qualche esempio, cosa significhi "creare ricchezza". Se sul conto corrente hai 50.000 euro, acquisti una casa per 100.000 euro, paghi un acconto di 50.000 euro e stipuli un mutuo per gli altri 50.000 euro, tecnicamente non hai cambiato nulla nella tua fotografia patrimoniale.

Per dirla con le logiche di bilancio aziendale, hai un attivo di 100.000 euro costituito dal valore della casa, ma la cassa (liquidità) è andata a zero e hai aperto un debito di 50.000 euro tra le voci del passivo.

Quindi il risultato finale è lo stesso: non hai prodotto ricchezza. Prima avevi in cassa 50.000 euro, adesso hai un bene patrimoniale che ne vale 100.000 ma al tempo stesso hai generato un debito per 50.000, quindi il risultato è sempre 50.000.

Una volta estinto il mutuo, allora avrai accumulato un patrimonio di 50.000 euro determinato dal valore dell'immobile al quale va sottratto il deposito corrisposto al momento dell'acquisto. Questo ragionamento che per molti è scontato in realtà per altri non lo è affatto.

Ho notato che molte persone spostano in realtà il patrimonio alla rincorsa di un obiettivo non sempre chiaro.

Facciamo un altro esempio: se hai un immobile che vale 100.000 euro e lo vendi, hai generato liquidità per 100.000, quindi inserisci nelle voci dell'attivo "conti correnti" per 100.000 ma, per effetto della liquidazione del bene, nel tuo attivo non ci sarà più l'immobile quindi è sparita un'immobilizzazione.

Alla fine, la tua operazione di fatto si chiude a zero. Tale operazione non ha generato ricchezza ma solo liquidità. Per molti liquidità significa ricchezza ma non è così che funziona.

Per generare ricchezza dovrai adesso chiederti come utilizzare quei liquidi che, se depositati in un conto corrente, potrebbero erodersi, per effetto dell'inflazione, delle spese bancarie, del tuo stile di vita ecc.

La ricchezza quindi è generata da *variazioni* di patrimonio, indipendentemente dal fatto che si tratti di patrimonio liquido o patrimonio solido. Per patrimonio solido s'intendono quindi beni immobili, mobili e immateriali (nelle aziende, ad esempio, il patrimonio intellettuale, i marchi ecc.).

Per comprendere se il tuo business stia generando ricchezza dovrai quindi osservare le *variazioni di patrimonio* e potrai a volte sorprenderti del fatto che alcune operazioni non generino variazioni positive ma solo spostamenti.

Tornando al nostro esempio concernente l'acquisto della casa, nel momento della compravendita, abbiamo osservato che non c'è stata alcuna variazione di patrimonio. L'unico aspetto che possiamo osservare è che l'operazione al giorno uno ha generato una situazione di illiquidità, ovviamente pericolosa per l'acquirente.

Se però quella situazione di illiquidità è superata e le rendite degli affitti brevi consentono di ripagare il mutuo, allora la tua fotografia patrimoniale registrerà nel futuro una variazione positiva.

Dopo tre anni, se, per esempio, hai ripagato 25.000 euro di mutuo, allora, tra le voci dell'attivo ci sarà sempre la casa con un valore di 100.000 euro e tra le voci del passivo ci sarà un mutuo residuo inferiore di 25.000 euro. La differenza tra 100.000 e 25.000 è di 75.000 euro, quindi si registra una variazione positiva di 25.000 euro e la creazione di ricchezza.

Nelle prossime pagine analizzeremo diversi modelli di business che consentono di affacciarsi al settore, di migliorare la struttura, oppure incrementare gli affari attraverso gli affitti turistici.

# Capitolo 7:
# Il ciclo di "Pace"

Ecco "Pace", il mio modello di crescita per il settore micro ricettivo. Il modello fornisce uno schema per lo sviluppo e la crescita nel medio – lungo periodo (3-5 anni). Non si tratta di un modello teorico, è un modello che utilizzano già società immobiliari in Italia e all'estero ed è in sostanza la schematizzazione del mio lavoro degli ultimi dieci anni:

1) Pianifica
2) Agisci
3) Controlla – Correggi
4) Espandi

Prima di iniziare a leggere, affrontiamo subito un iniziale possibile problema: se stai intraprendendo un percorso e il tuo primo pensiero è: "non ho soldi", bene, sappi che per fare soldi non servono soldi ma buone idee.

E quando le idee sono valide, trovare persone disposte a investire su di te è più semplice di quanto tu creda. Non penso ti bloccherai di fronte alla prima difficoltà e, comunque, con il mio modello di sviluppo, potrai iniziare anche a capitale zero. Tieni sempre a mente che molti dei grandi imprenditori hanno iniziato indebitandosi fino al collo e spesso senza capitale.

Se segui il mio modello, non devi fare debiti e puoi iniziare a lavorare da subito al tuo progetto.

Se ci pensi, anche Airbnb nasce dall'idea di due ragazzi senza soldi. Loro non avevano denaro per pagare l'affitto alla fine del mese quando, nel 2007, decisero di avviare il primo sito che si chiamava *airbedandbreakfast.com* finché, nel 2009, ad aiutarli nello sviluppo fu un incubatore aziendale.

Gli incubatori sono delle organizzazioni che accelerano lo sviluppo dell'impresa attraverso una serie di servizi e risorse di supporto al business, offerti sia nell'incubatore sia attraverso la sua rete di contatti.

Ovviamente questi servizi includono anche forme di finanziamento e investimento nell'impresa *startup*. Importante che il tuo business funzioni, che l'idea stia in piedi, che, anche se in piccolo, produca già un reddito.

La *business idea* deve essere *replicabile* ed *espandibile*. Gli incubatori e i possibili investitori esterni quando valuteranno la tua idea di business si concentreranno ad analizzare i numeri e il profitto che sei riuscito a generare sull'unità pilota, cioè sul primo test che hai eseguito.

Anche la pura idea potrebbe essere finanziata e supportata, questo è più raro ma non impossibile. Di seguito alcuni modelli da realizzare con risorse economiche limitate, utili per iniziare a familiarizzare con il mondo degli affitti turistici e altri modelli di business invece interessanti per chi è già inserito nel settore immobiliare e vuole svilupparsi in questo segmento.

Gli ultimi modelli si rivolgono indubbiamente a un pubblico più esperto ma possono rappresentare fonte di ispirazione per chi abbia ambizioni di crescita.

## Il Co-hosting

Un buon modo per cominciare è fare Co-hosting. Non ti servono fondi per iniziare ad aiutare padroni di casa nella promozione e gestione delle proprie strutture ricettive. Come hai letto prima, quello che io chiamo scherzosamente "il mondo degli intossicati da Airbnb", è in forte espansione.

Là fuori è pieno di proprietari che si sono innamorati dell'idea di fare accoglienza e che poco dopo si sono resi conto di essere stati fagocitati dal turbine organizzativo di un vero e proprio piccolo albergo.

Certo, non ci sono solamente loro sul mercato; in un altro interessante segmento sono presenti anche gli operatori professionali quali ad esempio costruttori, investitori, società immobiliari e intermediatori che hanno deciso di avvicinarsi a questo settore e spesso non hanno tempo e competenze per farlo. Saranno la tua professionalità e ambizione a decidere chi sia il tuo interlocutore.

Conosco bene l'esigenza dei costruttori e degli operatori immobiliari perché, come ti ho detto, la mia storia nasce proprio dalla necessità di realizzare una divisione, un'unità di business che potesse focalizzarsi sui servizi di *management* e *locazione turistica*, consentendo di associare alla vendita degli immobili un pacchetto di servizi atti a creare valore sia per il venditore sia per il compratore.

Se ti occuperai solo dei check-in e dei check-out, non hai bisogno di capitale per iniziare. Se invece ti offrirai come Property Manager a tutto tondo, allora ti servirà un minimo di attrezzatura e organizzazione per partire.

Il Co-host fornisce i propri servizi di supporto al proprietario in cambio di una percentuale sugli affitti. La tipologia di servizi può variare secondo le esigenze del proprietario: generalmente, si va dal 10% per i servizi di marketing e promozione, fino a 30% per il "tutto compreso" (marketing, pulizie, lavanderia, check-in, check-out ecc.).

Per ora, solo Airbnb contempla la figura di Co-host e ha sviluppato, all'interno della propria piattaforma, un'area dedicata a queste figure di supporto.

Nella piattaforma esiste già la possibilità di indicare le percentuali o i compensi fissi potendo indirizzare parte delle entrate direttamente sul conto corrente del Co-host. Le altre agenzie di viaggio interpretano ancora questa figura di supporto nella categoria dei Property manager e, di fatto, lasciano che siano accordi interni e privati a regolarne le procedure di remunerazione.

Potrà anche capitarti di ricevere richieste da parte di padroni di casa che non hanno esperienza nel settore e sono desiderosi di fare l'esperienza Aribnb. In questi casi, il cliente potrebbe domandarti di fornire un servizio "chiavi in mano".

Per questa tipologia di servizio che io definisco "Home Boarding", ti sarà richiesto di organizzare l'immobile per l'inserimento nel mercato degli affitti brevi, quindi, ti occuperai proprio di tutto: dalla richiesta delle licenze fino al servizio fotografico.

Prima di assumerti l'incarico, ti consiglio di accertarti che l'immobile abbia realmente un potenziale nel segmento degli affitti a breve, diversamente, rischieresti di far perdere tempo e denaro al tuo cliente.

Parti dunque dai numeri, basati sugli appunti relativi ai costi e punto di pareggio che troverai nei capitoli successivi e fai simulazioni all'interno di una possibile forbice tariffaria.

Ricorda: tra i costi variabili dovrai inserire la tua percentuale di Co-host, pertanto, raggiungere il punto di pareggio sarà più impegnativo sia per te (come manager dell'immobile), sia per il padrone di casa. Nel capitolo delle tariffe capirai di cosa io stia parlando.

Il *business plan* deve prima di tutto essere vantaggioso e remunerativo per il proprietario. Quando io redigo un *business plan* per un immobile da destinarsi agli affitti brevi, parto sempre dal conto economico del proprietario, poi prendo in considerazione il mio. Se quello del cliente non funziona, non perdo tempo a sviluppare il mio.

*Benefici*
Tale modello di business richiede una ridotta densità di capitale e può prendere forma gradualmente. Il *Rental manager* può iniziare come semplice Co-host fornendo servizi di *Revenue management* e check-in, check-out poi, progressivamente, organizzarsi per l'erogazione di servizi accessori quali pulizia, lavanderia,

manutenzione ecc. Il modello è espandibile e non è complesso trovare un proprio equilibrio reddituale in pochi mesi.

*Rischi*

Uno dei motivi per cui i padroni di casa fanno Co-hosting è che non vogliono vincolarsi con affitti a lungo termine e inquilini – spesso inaffidabili – al fine di poter lasciare aperta la possibilità di vendere l'immobile in un futuro più immediato.

L'accordo con i padroni di casa, pertanto, può essere rescisso con limitato preavviso (in genere 4-6 mesi), quindi la sostituzione (*turnover*) dei clienti (*host*) potrebbe essere elevata e il flusso di entrate discontinuo.

Per generare un reddito interessante occorre aumentare progressivamente il portafoglio degli immobili gestiti con conseguenti implicazioni organizzative e possibile incremento dei costi fissi.

In assenza di una buona struttura organizzativa e di un volume importante di immobili, il ruolo di *Rental manager* rischia di assorbire molto tempo a discapito della vita privata, generando un profitto non molto interessante.

Fondamentale avere un buon sistema informatico alle spalle, un'ottima pianificazione della propria agenda e le idee chiare su come eventualmente espandersi. Ne parleremo più avanti.

## Il Rental Pool

Il *Rental Pool* è un gruppo di persone – coordinate dall'osservanza di patti e dalla direzione dell'attività commerciale – che operano, al fine di migliorare la redditività derivante dagli affitti e ottimizzare i costi di gestione e utilizzo del proprio immobile.

I padroni di casa entrano a far parte di un gruppo che, in conformità a regole contrattuali, condivide i corrispettivi degli affitti, a seconda delle quote stabilite a priori.

È una formula spesso utilizzata per l'amministrazione e coordinazione di proprietari che possiedono immobili simili e desiderano utilizzarli per un periodo limitato dell'anno.

I corrispettivi derivanti dagli affitti sono versati in un unico recipiente (*pool*) e amministrati dal *Rental pool manager* che trattiene una quota degli affitti come compenso di gestione, ridistribuendo poi i dividendi ai padroni di casa in base alle *shares* (quote) definite nel contratto.

Le *shares* sono assegnate in relazione alla tipologia di immobile. Se per esempio il *Rental pool manager* ha raggruppato dieci ville all'interno di un villaggio turistico, si stabiliranno delle quote per riconoscere ai proprietari di ville con due camere un dividendo leggermente inferiore rispetto a quello pagato per le ville con tre o quattro camere.

I vantaggi per il proprietario sono molteplici:

1. Continua a guadagnare dagli affitti (maturati attraverso gli altri immobili, parte del *pool*) anche quando usa la casa.

2. Continua a guadagnare dagli affitti (maturati attraverso gli altri immobili, parte del *pool*) anche quando la casa è chiusa per manutenzione.

3. Il *Rental manager* non sarà guidato da preferenze nell'assegnare gli affitti ai rispettivi immobili poiché le entrate sono condivise nel *pool*.

4. Ottiene un riscontro statistico sull'andamento degli affitti generati da proprietà simili alla sua, pertanto è sempre informato attraverso dati oggettivi su domanda e trend di mercato.

*Benefici*
Tale modello di business richiede una ridotta densità di capitale. La partecipazione di diversi proprietari nel *pool* crea una sicurezza economica maggiore per il *Rental pool manager* che può così strutturarsi e organizzarsi da subito saltando diversi passaggi.

Il fatto di costituire una strategia condivisa dall'unione d'intenti di vari proprietari, di per sé fidelizza i padroni di casa a restare all'interno del gruppo.

*Rischi*
Se la crescita non è graduale e il *pool* è costituito inizialmente da molti immobili, i problemi saranno per lo più di carattere

organizzativo. È importante determinare bene l'organigramma e calcolare i conseguenti costi prima di partire.

**Il vuoto per pieno**

Il vuoto per pieno o vuoto-pieno è ancora un termine abbastanza sconosciuto nel mondo degli affitti e definisce una tipologia contrattuale che consiste nel fatto che la società di *Rental management* prende in locazione l'immobile, impegnandosi a versare un canone di affitto al proprietario a prescindere da quella che sarà l'occupazione dello stesso.

La società di *Rental management* si occuperà direttamente della gestione dell'immobile e spesso anche della parziale ristrutturazione e allestimento dello stesso.

Il vantaggio per il proprietario è che si assicura un'entrata per tutto il periodo di locazione e che l'immobile sarà mantenuto in condizioni eccellenti al fine di consentire la sub-locazione nel mercato del breve.

Il proprietario in genere richiede una fideiussione a garanzia degli obblighi assunti dall'inquilino (in questo caso il *Rental manager*) e concede al conduttore il diritto di sub-locazione.

*Benefici*

Per il proprietario, il vantaggio è soprattutto quello di affittare a una società o organizzazione che deve mantenere l'immobile in condizioni impeccabili, al fine di competere nel sistema delle recensioni. Il padrone di casa, attraverso i commenti degli ospiti, può di fatto tenere un occhio sulla qualità della gestione e ricevere spesso piacevoli sorprese.

Per il *Rental manager* (a differenza del contratto di Co-hosting), il vantaggio è che il proprietario non può rescindere prima della scadenza del contratto. Normalmente si stipula un contratto 4+4 che prevede un rinnovo completamente automatico del contratto di affitto, qualora non venga presentata una disdetta da parte del proprietario o dell'inquilino.

Sulla base di tale contratto, il proprietario dell'immobile non potrà richiedere alcun aumento Istat o qualsiasi percentuale di integrazione per eventuali manutenzioni ordinarie o straordinarie.

*Rischi*

Ovviamente, trattandosi di un vero e proprio contratto di affitto, è importante assicurarsi di potere pagare puntualmente i canoni, a prescindere dall'andamento e dalla stagionalità degli affitti turistici.

I costi di avviamento possono comprendere allestimento, arredamento, ristrutturazioni e adeguamenti, pertanto occorre tenere conto che tali costi dovranno essere ammortizzati e recuperati nel corso dei primi quattro anni, in quanto i successivi quattro non sempre sono garantiti dal contratto.

In media prendere in affitto un appartamento di ampie dimensioni da convertire in affittacamere o bed and breakfast può richiedere un investimento di 15-20.000 euro. Considera circa 2.500 euro a camera per l'arredamento e allestimento cui dovrai aggiungere deposito cauzionale, canoni di affitto anticipati, commissioni di agenzia (quando richieste) e i costi per il rilascio di una fideiussione bancaria o assicurativa.

## La leva del credito

La prima struttura ricettiva è andata bene e vuoi espanderti? Aiutando altri host a fare affari nel settore è venuta voglia anche a te di fare shopping e investire in immobili?

Attraverso la leva del credito e gli affitti brevi potresti, in effetti, ripagare una parte del mutuo velocemente e iniziare a costruire il tuo patrimonio. Il settore delle locazioni brevi ha contribuito alla ripresa immobiliare degli ultimi anni e in molti hanno già iniziato a fare spesa.

La crisi del mercato immobiliare iniziata alla fine degli anni novanta aveva cominciato a far sopraggiungere il dubbio agli italiani che acquistare un immobile fosse un buon investimento. Di fatto molti acquirenti hanno comprato male, in un periodo di pre-bolla immobiliare, quando i prezzi erano alle stelle e le banche erogavano mutui senza nemmeno periziare l'immobile.

Ovviamente i tempi sono cambiati, adesso i prezzi si sono riequilibrati e le banche sono molto più attente nel concedere credito ma ottenere un mutuo non è impossibile.

Se ti presenti in banca a chiedere un mutuo, l'istituto valuterà tre aspetti: l'immobile che stai acquistando, il profilo del richiedente, la motivazione di acquisto. Vediamo nei dettagli come saranno valutati questi parametri.

1) Immobile: La banca, per legge, eroga al massimo l'80% del tuo acquisto prendendo come riferimento il valore più basso tra valore di perizia e valore reale di compravendita. In certi casi, alcuni istituti possono arrivare a finanziare fino al 100%.

La banca spesso conosce il mercato immobiliare ed è portata a finanziare immobili più commerciali, più semplici da rivendere. Recentemente società di perizia incaricate dagli istituti di credito (ad esempio Crif), su richiesta dell'istituto, devono inserire in perizia il valore di pronto realizzo, cioè in pratica il valore di liquidazione dell'immobile al maggior costo e minor tempo possibile.

Ciò significa che il finanziamento per l'acquisto del tuo immobile sarà anche influenzato da questo dato. Eventuali lavori di ristrutturazioni finalizzati al miglioramento della classe energetica contribuiscono a rendere la tua richiesta più interessante agli occhi dell'istituto.

Ricorda che se la finalità dell'acquisto è quella di mettere a reddito l'immobile attraverso gli affitti brevi, il Comune ti chiederà di fornire un documento di abitabilità o agibilità dell'immobile e anche di fornire tutte le certificazioni degli impianti. Fai questi controlli prima di iniziare il processo di acquisto e richiesta del mutuo.

2) Profilo richiedente: Il profilo del richiedente determina il potere di acquisto. Prima di recarti in banca puoi fare un'auto-valutazione finalizzata a comprendere quale sia il tuo RRR, cioè, Rapporto Rata Reddito.

Normalmente il 33% del tuo *reddito netto* costituisce il potere di acquisto quindi se hai un reddito netto di 900 euro, secondo l'istituto la rata massima mensile di rimborso del mutuo sarà approssimativamente di 300 euro.

Alcuni istituti possono arrivare a considerare fino al 40-45%. Questo dato è fortemente influenzato da eventuali altri impegni in essere quali: prestiti personali ed eventuali firme di garanzia prestate a terzi ecc.

Un altro fattore che influenza la decisione dell'istituto è certamente l'analisi storica creditizia, quindi la regolarità e puntualità dei rimborsi delle rate riferite a mutui, prestiti, finanziamenti ecc.

La banca predilige il lavoratore dipendente. Stenta a prendere in considerazione i lavoratori autonomi nel primo biennio di attività. Certamente, per i lavoratori autonomi una buona dichiarazione dei redditi alla conclusione del primo anno di attività, sommata a una liquidità proveniente da fonti diverse, costituirà un elemento positivo ai fini della valutazione della pratica.

Altro fattore che influisce fortemente sull'esito della richiesta è costituito dall'età anagrafica del richiedente; un mutuo di lunga durata sarà difficilmente concesso a persone che abbiano superato l'ottantacinquesimo anno di età a scadenza dell'operazione. Questo può valere anche per i garanti, se l'operazione è di natura particolarmente complessa.

La presenza dei protesti, dei ritardi di pagamento delle rate e delle pregiudizievoli influenza fortemente il buon esito della pratica.

3) Motivazione di acquisto: Richiedere un mutuo per l'acquisto di un immobile da destinarsi alle locazioni brevi certamente sarà valutato positivamente dalla banca, in quanto non presenta i rischi classici della locazione tradizionale e prospetta flussi di cassa generosi attraverso i quali la rata del mutuo si ripaga più agevolmente.

Se il progetto di acquisto è ben strutturato e il tuo profilo rispondente alle aspettative della banca, ricordati che sarai tu a valutare l'istituto e le condizioni offerte, quindi preparati ad aprire trattative con più interlocutori.

## Il Rent to Buy

Per chi non riesce a ottenere credito dalle banche, il *Rent to Buy* potrebbe essere una soluzione alternativa. In sostanza si tratta di un affitto con patto di riscatto.

Tecnicamente si stipulano due contratti, uno di affitto e uno preliminare per la futura vendita da effettuarsi in un periodo di 3/5 anni. Ovviamente la quota versata mensilmente sarà più alta di un normale canone di affitto perché tale differenza garantisce il venditore sulla promessa di acquisto.

Parte del canone sarà per l'affitto; un'altra parte andrà a comporre un acconto sul prezzo finale d'acquisto. L'attività di Rent to Buy è regolata dalla legge 164/2014:

"Contratti diversi dalla locazione finanziaria, che prevedono l'immediata concessione del godimento di un immobile, con diritto per il conduttore di acquistarlo entro un termine determinato imputando al corrispettivo del trasferimento la parte di canone indicata".

*Benefici*
Attraverso un piano di fattibilità costruito bene, il compratore potrebbe coprire i canoni mensili di affitto e acconto attraverso le

entrate generate dagli affitti turistici, senza dover accedere al credito bancario.

Questa formula aiuta a liberarsi di immobili stagnanti e al tempo stesso risulta garantita da un atto notarile.

*Rischi*
Per il compratore il rischio potrebbe essere quello di rendersi conto che l'immobile non soddisfa le aspettative e quindi perderebbe i canoni pagati fino al momento del recesso (ma di fatto ha potuto utilizzare l'immobile).

Il rischio per il venditore è di trovarsi l'immobile occupato dal conduttore divenuto inadempiente. Il venditore può proteggersi richiedendo una fideiussione e inserendo penali sul contratto da applicarsi in caso d'inadempimento.

## Asset Building
La strategia *Asset Building* è un modello di business idoneo a località ad alto flusso turistico, dove si registrino livelli medi di

occupazione superiori al 60%.

Lo scopo principale di questa formula è di finanziare un progetto immobiliare attraverso la vendita di una parte delle unità abitative e producendo una rendita garantita per gli acquirenti.

Generalmente il modello è ideale per piccole comunità dove i proprietari hanno il diritto di usare l'immobile da uno a tre mesi l'anno e percepiscono una rendita calcolata in base all'utilizzo: meno usano l'immobile più alta sarà la rendita.

Per chi acquista si tratta, per lo più, di avere una casa-vacanze da potere usare ogni tanto e una rendita garantita, offerta direttamente dal costruttore.

È una formula molto diffusa all'estero, recentemente utilizzata anche da grandi catene alberghiere per diversificare gli investimenti e generare *cash flow* (flusso di cassa) immediato.
Un settore assolutamente giovane in Italia, non ancora incentivato e promosso a causa di impedimenti burocratici e normativi che ne limitano lo sviluppo.

*Benefici*

Gli acquirenti si sentono garantiti dal fatto che il costruttore (che è anche società di *Rental management*) è diventato co-proprietario dell'albergo, quindi finanziariamente coinvolto nella performance degli affitti.

Per il costruttore e Rental manager inseguire questo modello significa realizzare un progetto alberghiero con bassa densità di capitale, di cui avrà controllo e gestione.

*Rischi*

Il rischio per il costruttore è prevalentemente legato alla vendita sulla carta. I costi di costruzione preventivati potrebbero modificarsi durante la fase di realizzazione dei lavori.

Imprevisti e aumenti potrebbero costringere il costruttore a rilasciare più unità sul mercato compromettendo la fattibilità del piano economico degli affitti.

Per gli acquirenti, i rischi sono quelli tipici dell'acquisto sulla carta al quale si aggiunge un vincolo contrattuale sulla rivendita:

Il costruttore, al fine di mantenere la *governance* dell'albergo, spesso non consente la rivendita dell'immobile per finalità diverse da quelle dell'uso temporaneo e limitato.

## Il mio modello di business

Il mio è un modello misto che raggruppa e intreccia quasi tutte le formule che ti ho descritto. La mia prima società di *Property management* ha aperto le porte nel 2006 con un capitale di 3.000 euro; i fondi servirono per acquistare attrezzatura di base, (tosaerba, utensili, aspirapolveri ecc.), un pc e un po' di cancelleria.

Oggi la società ha trenta dipendenti, coordina e gestisce le strutture che realizziamo, si occupa attivamente di Co-hosting e promuove l'affitto di oltre 400 immobili.

Per partire con questo lavoro ti serve *know-how* e non molto altro. Per dirti quanto sia giovane il settore del *management* in Italia, quando, un anno fa, ho deciso di importare il modello sul mercato italiano, il dominio http://www.affittiabreve.com era ancora disponibile. Indirizzi web simili, nel resto del mondo sono stati presi e sviluppati oltre vent'anni fa.

Per la gestione degli affitti in Italia, ho aperto una collaborazione per un progetto pilota e ho da poco avviato una *startup* che parte dalla città di Bologna.

La società si è data l'obiettivo di aiutare cento proprietari in Co-hosting e raggiungere questo volume di immobili nell'arco di tre anni.

In questo momento sto anche lavorando su un programma internazionale per lo sviluppo del settore *Rental management*. L'obiettivo è di aiutare giovani anche senza esperienza a entrare nel segmento degli affitti turistici attraverso master, corsi online e borse di studio.

Il progetto prevede l'apertura di filiali dirette e affiliate in Italia all'estero. Con la mia formula, per partire, sono sufficienti pochi giorni di formazione e affiancamento per poi iniziare la ricerca di clienti nel proprio territorio.

In Thailandia sto realizzando il settimo progetto casa-vacanze che sarà completato nel 2019. "Villoft Zen Living" è un complesso a bassa densità che comprende 25 ville e loft e offre agli acquirenti un ritorno sull'investimento garantito del 180%.

# Capitolo 8:
# 4 idee replicabili per guadagnare divertendoti

Non devi necessariamente avere una casa o una camera per fare affitti brevi. Ecco cinque idee stravaganti, creative e fuori dal coro, divenute "bestseller" nel mercato turistico.

Sono idee che ho nel cassetto da anni quindi se ci trovi qualche spunto interessante e ti piacerebbe svilupparle, sentiamoci, potremmo portarle avanti insieme.

### L'Airstream

"Nel 1931 è iniziato il sogno Airstream per creare *trailers* leggeri aerodinamicamente perfetti. E con esso è nato un altro sogno, uno che racchiudesse il concetto di libertà, scoperta di nuovi luoghi, nuove esperienze e nuove amicizie.

Era un sogno così potente e così duraturo che ha fatto molto di più che creare un nuovo modo di viaggiare; esso ha creato un nuovo modo di vivere, condiviso da migliaia e migliaia di famiglie".

Bob Wheeler (President Airstream, Inc.)

Airstream è un tipico caravan americano dalle forme rotondeggianti e la carrozzeria di alluminio scintillante, una roulotte diventata una vera e propria icona non solo per il mondo del *plein-air*.

Adesso che forse hai capito di cosa stiamo parlando, digita su Google "Malibu Dream Airstream", la pagina ti porterà immediatamente alla pubblicazione di una roulotte americana parcheggiata sulle colline di Malibù, che puoi prenotare anche solo per una notte attraverso Airbnb.

Il pernottamento in Malibu Dream costa circa 500 dollari e gira voce che il caravan registri oltre il 90% di occupazione media.

In agosto ho attraversato la costa occidentale degli Stati Uniti che va dalla California allo Utah e vi posso assicurare che ci sono centinaia di location mozzafiato dove avrei pagato oro per dormire in un Airstream anziché in un triste e banale motel.

Nei parchi naturali spesso gli alberghi sono *fully booked* fino ai due anni successivi, e mi è successo anche di dovere dormire in macchina. Ho provato anche a prenotare il Malibu Dream, ma purtroppo non era disponibile per quelle notti quindi mi sono divertito a cercare negli annunci locali se ci fossero degli Airstream usati da convertire, e ho trovato oggetti in ottime condizioni a partire da 16.000 dollari.

Iniziare con il primo caravan e poi creare una catena alberghiera formata di Airstream parcheggiati in location da favola, credo sarebbe un'idea di grande fascino e indubbio successo. Mi piacerebbe dormire nella tua catena "Airstream Inn"

Ho fatto una ricerca anche in Italia. Esiste un concessionario che si trova a Napoli. Puoi visitare il sito http://www.airstreamitaly.it, ma temo che i prezzi nel nostro Paese siano ben diversi e non so se esista un mercato dell'usato.

## La casa sull'albero

Dormire in una casa sull'albero è la moda del momento. A riecheggiare le nostre fantasie di bambini, facendoci alloggiare in un intreccio di rami e arbusti sono i grandi designer e architetti internazionali.

L'idea di dormire in una casa che si fonde con il paesaggio circostante ha indubbiamente un fascino incredibile e contribuisce a staccare dalla quotidianità. Questa è la filosofia delle case sull'albero: riprendere contatto con la natura e con le persone che ci vivono accanto, quindi cellulari spenti, un tuffo nel passato e tanto romanticismo.

Non c'è bisogno di essere un grande architetto per progettare e realizzare una bella casa sull'albero e, ti assicuro, loro sono "bestseller" su Airbnb.

A Bali, in Indonesia, ho scoperto che puoi costruire una casa di bambù con 2-3.000 euro e non devi necessariamente comprare il terreno, puoi affittarlo. Bali è stata votata da TripAdvisor la prima destinazione al mondo. È un buon modo per iniziare a costruire reddito da affitti brevi? È un business replicabile? Assolutamente sì.

In Italia ci sono diverse aziende specializzate nella realizzazione di case sull'albero e ancora tantissima natura per poterle accogliere.

## La casa galleggiante

Adotta un laghetto e posaci la tua casa sull'acqua. Le case galleggianti – da non confondere con le *houseboats* – sono case ormeggiate permanentemente con un proprio sistema di scarico e prive di propulsione. Il fascino di una casa galleggiante è soprattutto determinato dall'incredibile vista sull'acqua e dallo stile di vita che ne consegue.

Il mercato degli scambi nel settore apre possibilità per tutte le tasche; esistono agenzie immobiliari specializzate nella vendita di case galleggianti e i prezzi possono raggiungere anche i quattro milioni di dollari; non c'è comunque bisogno di rovinarsi per iniziare.

Il business delle case galleggianti ha registrato un incredibile incremento negli ultimi anni e sempre più aziende producono casette prefabbricate esteticamente impeccabili.

Ormeggiare un bilocale sull'acqua potrebbe costarti meno di 10.000 euro e la rendita potrebbe essere sorprendente.

Anche in questo segmento non manca il tocco di architetti e designer. L'architetto italiano Giancarlo Zema ha creato una casa galleggiante, completamente costruita in materiale riciclabile, completamente personalizzabile che certamente, nel mondo degli affitti brevi, diventerebbe un altro "bestseller".

## La tenda a cinque stelle

La tenda glamour è l'alternativa di lusso al campeggio tradizionale; dotata di tutti i comfort di una casa, la tenda di lusso non deve essere trasportata e montata e può essere circondata da giardino esterno, piscina e altri eleganti accessori. Anche in questo caso a farla da padrone è la natura e la voglia di vacanza ricercata, anti convenzionale.

Un settore, quello del Glamping, in cui c'è ancora davvero molto da fare; si tratta di investimenti accessibili, spesso promossi e accolti di buon occhio anche dalle istituzioni locali. Non servono veri e propri permessi di costruzione, quindi i tempi di realizzazione sono più rapidi ed esiste spesso la possibilità di realizzare progetti in *partnership* con il proprietario del terreno, senza dover quindi affittare o acquistare.

Nel mondo ci sono molti terreni non edificabili, dove si possono ottenere permessi per creare abitazioni rimovibili, senza fondamenta.

Per chi ha già un terreno o una casa-vacanze con terreno adiacente, il Glamping potrebbe essere un'idea per creare diversificazione e generare entrate extra.

# Capitolo 9:
# Come definire le tariffe

Hai deciso da quale porta entrare in questo fantastico mondo degli affitti turistici? Individuato il modello di business che fa per te, ecco il *know-how* da costruire per avere successo in questo segmento.

Partendo dai ricavi, la decisione delle tariffe spetta a te. Anche se può sembrare ovvio, non lo è. Per prima cosa dovrai decidere se pensare con la tua testa o con quella degli altri, quindi dovrai valutare se attuare una politica tariffaria innovativa oppure se farti condizionare dai prezzi attuati dal mercato e dalla concorrenza.

La decisione delle tariffe non è semplice ed è causa di errori, perdita di clienti, opportunità e fatturato. Tu nelle decisioni ti ritieni un leader o un follower? Cioè, ti piace condurre il gioco o seguire gli altri?

Facciamo un piccolo test legato al mondo immobiliare: il tuo vicino di casa decide di mettere in vendita l'appartamento identico al tuo e dopo qualche mese decidi di farlo anche tu.

Ammettiamo che gli appartamenti abbiano la stessa metratura e le stesse caratteristiche ma siano arredati in modo diverso. Sono personalizzati secondo il gusto di ciascuno, ma entrambi attraenti. Il vicino ha messo in vendita la casa a 200.000 euro, dopo tre mesi è ancora invenduta. A quanto entri sul mercato, a quanto metti in vendita il tuo appartamento?

Esaminiamo brevemente gli elementi che condizioneranno la tua decisione.

### Ego e influenzatori esterni

Il primo fattore decisivo è quello che io mi diverto a definire *l'ego del proprietario*. Il tuo primo pensiero potrebbe essere che il tuo appartamento è più bello e quindi vale 10.000 euro in più. Il secondo pensiero potrebbe essere che se lui vende a 200, io non posso certamente essere da meno.

Il 90% dei proprietari al mondo la pensa così e commette questo banale errore. In quasi vent'anni di attività immobiliare posso affermare che la maggior parte degli immobili resta invenduta, semplicemente perché il vicino ha sbagliato il prezzo e il secondo si è messo in coda.

Il secondo fattore decisivo è determinato dagli *influenzatori esterni*, primi tra tutti gli agenti immobiliari. Dopo quindici anni di esperienza nel settore, ho identificato due tipi di agenti:

1) L'agente seduttore: in genere è un giovane profumato, con giacca e cravatta, vive con i genitori e racconta agli amici che si occupa di immobili facendosi bello e cambiando ragazza due volte a settimana. Per ricevere incarichi di vendita usa le tecniche della seduzione.

Gli esseri umani per natura sono in cerca di approvazione e riconoscimento. Lodare e gratificare rende le persone felici quindi quello che l'agente dice del tuo immobile è esattamente quello che vuoi sentirti dire dopo avere sudato la maledetta rata del mutuo e dopo aver vissuto per anni nell'immobile più bello del mondo (secondo il tuo ego).

Se l'immobile del vicino è prezzato 200.000 euro lui ti dirà che il tuo è più bello e si può vendere a una cifra addirittura superiore. Se sei in cerca di gratificazioni e approvazione, l'agente seduttore ti mette la penna in mano e ti fa firmare l'incarico.

2) L'agente realista: ha abbandonato la cravatta nell'armadio, profuma il giusto, forse non si è fatto la barba ed è separato; ha quattro mogli da mantenere e prima faceva il seduttore. Adesso deve pagare le bollette a fine mese, le scuole dei figli e tutto il resto.

Ecco che egli non vede l'immobile, non vede te, vede solo la commissione che può ricavare se vende l'immobile al prezzo che il mercato sta richiedendo in quel momento.

Ti fa una domanda del tipo: "La sua aspettativa economica per questo immobile?". Se dai la risposta errata, apre la porta e se ne va. Se ha tempo, ti fornisce qualche spiegazione molto realistica e il tuo ego finisce sotto il tappeto.

Le *chiacchiere da bar* sono il secondo grande influenzatore. Tutte quelle informazioni raccolte qua e là da amici, conoscenti, improvvisati esperti di "economia di strada" che alla fine, in qualche modo, rischiano di influenzare le tue decisioni.

Qualche anno fa sentii dire "Lo sai, una signora affitta quelle camerette vicino alla stazione a 70 euro a notte e non ha nemmeno il bagno privato".

Indagai su quel b&b perché la tariffa era effettivamente fuori mercato e scoprii che la signora era stata forzata dal figlio ad affittare le camere per pagare un po' di mutuo e un po' di spese, così teneva le tariffe alte su Airbnb volutamente, per lavorare meno.

Scoprii anche che tutte le stanze erano state affittate a 300 euro al mese a pendolari semi residenti e lei si era dimenticata di chiudere le date sulla piattaforma. Di fatto, non faceva affitti brevi.

Tornando al nostro immobile, sono passati altri tre mesi e l'appartamento è ancora invenduto. Nel frattempo hai dato retta al tuo ego e l'agente seduttore ha già fatto vedere il tuo immobile diverse volte, ma senza ricevere nemmeno un'offerta.

Sei confortato dal numero di visite e quindi credi che si venderà presto. Bene, passano altri mesi. L'appartamento è ancora invenduto e nessuna offerta. Il tuo vicino non demorde, il prezzo ancora lo stesso. Tu cosa fai?

Per abbassare il prezzo devi prima di tutto fare pace con il tuo ego, tirare su il telefono chiamare l'agente e chiedergli perché non si vende. Ti risparmio questa telefonata, sai già la risposta: il prezzo è alto.

Una cosa che l'agente non ti dirà mai – ma che ti dico io – è che l'agente in quei mesi ha venduto molti altri appartamenti simili al tuo e tutte le visite che hai ricevuto erano quelle che io definisco le visite del mattino, cioè quelle visite che l'agente fa per stancare un po' il cliente e convincerlo ad acquistare altro.

Nel marketing online, nel mondo degli affitti turistici si ripetono dinamiche molto simili. Il prezzo comunemente non lo decidi tu ma lo stabilisce la domanda. Esiste una domanda per tutto, per l'appartamento in piazza San Marco a Venezia e per la tua casetta di campagna.

Se individui da subito la tariffa corretta, eviti di perdere tempo e opportunità, ed eviti di regalare prenotazioni alla concorrenza.

Quando il prezzo è sbagliato, gli agenti ti promuovono comunque e i clienti ti trovano in mezzo ad altri annunci, ma la tua tariffa errata serve a convincere l'ospite a prenotare una camera molto simile a un prezzo minore presso la concorrenza.

Come molti dei sistemi elettronici *e-commerce* (commercio elettronico) anche le piattaforme di booking online adottano simili algoritmi.

Mi sembra doveroso premettere che non so per certo quali siano gli algoritmi di Airbnb, Booking, Expedia o altri canali (sarebbe come avere la formula per produrre la Coca Cola), ma so che, seguendo queste logiche e consigli, il sistema ti premierà e le tue prenotazioni aumenteranno.

**Tariffazione Zen. Analisi dei costi e punto di pareggio**
Sedici anni di Asia e Thailandia hanno certamente modificato il mio modo di pensare e vedere la realtà. Non sono diventato buddhista, ma spesso mi capitano tra le mani dei testi che mi appassionano e devo confessare che la filosofia di vita promossa dal Buddhismo in qualche modo ha plasmato la mia esistenza.

Nella filosofia buddhista la competizione è un gioco e tale prospettiva già mi piace moltissimo.

Quando s'installa nella nostra mente il concetto di migliore-peggiore, vincente-perdente, nasce la sofferenza e si commettono errori. Pensare che vendere a un prezzo minore del mio vicino faccia di me un "peggiore" va contro i principi filosofici della *tariffazione Zen*.

Per fare *tariffazione Zen* devi cominciare a fare i tuoi conti, costruire il tuo percorso, il tuo viaggio senza preoccuparti troppo di quello che ti succede intorno, senza concentrarti troppo su ciò che fanno gli altri e smettendo di pensare che, chi vende a un prezzo maggiore, sia necessariamente migliore, un vincente e invece tu un perdente.

Potrei portarti migliaia di esempi d'imprenditori che hanno avuto successo lavorando su modelli di business a prezzo zero. Mi capita sempre più spesso di fare consulenze ad albergatori in crisi e la tariffazione rappresenta sempre uno dei primi argomenti da affrontare.

Da imprenditori apparentemente brillanti e intelligenti mi sento spesso dire che sotto a una determinata tariffa non intendono scendere. A questi imprenditori replico dicendo che se ragioniamo così rischiamo di non raggiungere un livello di occupazione importante e loro, per dare ragione alle proprie teorie, dichiarano che sia meglio tenere l'albergo vuoto piuttosto che affittare a meno.

Quindi, questi signori hanno costruito di sedici piani per affittarne solo nove? Assurdo.

Ora ti faccio una domanda: "costa di più tenere una camera vuota o affittarla al di sotto della tariffa che hai deciso?".

Quando si discute questo argomento, l'albergatore si difende dicendo che la tariffa serve per fare selezione sulla qualità della clientela. Quindi, esiste la falsa credenza che una tariffa bassa attragga un pubblico di diseducati.

Il nocciolo della questione, in questo caso – ammettendo che gli ospiti siano dei selvaggi – dovrebbe vertere sulle garanzie richieste al check-in. Potrebbe essere utile fare un consuntivo sui danni causati alle camere in occasione dell'ultima notte scontata, giusto? Magari i clienti hanno pagato i danni facendo guadagnare anche il reparto manutenzione?

Senza entrare troppo nei problemi degli albergatori moderni, cerchiamo ora di capire davvero cosa si intenda per *tariffazione Zen*. Una tecnica veloce per ottenere la *tariffa Zen* è fare l'analisi di *break even point* (punto di pareggio).

Per fare questo calcolo occorre comprendere prima la differenza tra un costo fisso e un costo variabile. Comprendere i costi ha un'importanza strategica nella preparazione del piano tariffario; molti padroni di casa o aspiranti tali spesso omettono di considerare la struttura dei costi della propria attività.

Per non aver fatto questo semplice primo esercizio potrebbero essere costretti a chiudere. Fare l'analisi dei costi e del *break even* serve ad avere un quadro immediato di quanto devi vendere per restare almeno in vita.

Considera tutti i costi possibili e immaginabili che hanno a che fare con la tua struttura ricettiva: spese di pulizie, spese condominiali, commercialista, tasse sui rifiuti, utenze, lavanderia, detersivi, prodotti chimici, manutenzione ordinaria (pulizie, controllo caldaie, impianti ecc.).

Adesso prendi carta e penna, dividi il foglio in due e scrivi a sinistra quali sono secondo te i costi fissi e a destra quali sono i costi variabili. Voglio che tu lo scriva perché così ragioneremo insieme sugli errori. Fatto? Bene, ora prendi un altro foglio, dividilo sempre in due e riscrivi i costi seguendo questa regola:

Costi fissi: nel caso delle strutture ricettive, sono tutti quei costi che non variano al variare dei pernottamenti. Ciò significa che devi sostenere quei costi indipendentemente da quante notti tu venda. Se vendi zero notti del tuo calendario, sostieni ugualmente i costi fissi.

Se vendi una, dieci, cento notti, l'ammontare di questa tipologia di costi non varia mai. Un costo fisso non è mai direttamente imputabile a quello specifico pernottamento in struttura. Pagherai le spese condominiali, eventuale personale a busta paga, il commercialista, le tasse sui rifiuti, le tasse di proprietà, i canoni tv, internet ecc. anche se non affitti.

Costi variabili: a differenza dei costi fissi, quelli variabili sono tutti quei costi che variano al variare del volume di soggiorni. Se non affitti, quindi, i costi variabili saranno zero, e sosterrai solo i costi fissi. Man mano che aumenti il numero delle notti vendute, i costi variabili iniziano a crescere. I costi variabili sono ad esempio i prodotti cortesia (shampoo, bagnoschiuma ecc.), i costi di lavanderia, eventuali costi di colazione, le commissioni di agenzia ed eventuali tasse dirette (di tasse parleremo nei capitoli successivi). Se il padrone di casa ti ha reclutato come Co-host, tra i suoi costi variabili ci sarà la tua percentuale.

Per chiarezza è opportuno aggiungere qualche dettaglio relativamente alle utenze e ai costi di pulizia. Il costo di fornitura elettrica indubbiamente aumenta in base al numero dei pernottamenti.

Nella fattura della compagnia elettrica c'è sempre un canone mensile che considererei come costo fisso mentre cercherei di calcolare di quanto aumenti il costo dell'elettricità in presenza dell'ospite; l'installazione di un piccolo contatore potrebbe aiutarti.

Lo stesso ragionamento si potrebbe fare per acqua e gas salvo che queste voci non siano già comprese tra le spese condominiali; in quel caso sono indubbiamente un costo fisso. In molte strutture ricettive ho notato che i padroni di casa hanno accordi a gettone con il personale addetto alle pulizie, quindi anche in questo caso il costo delle pulizie rientra tra i costi variabili (da verificare se convenga o meno).

*Break even point*: grazie alla distinzione dei costi fissi e costi variabili, calcolare il punto di pareggio è molto semplice.

Poniamo che la tua struttura generi costi fissi per 5.000 euro, che il costo variabile giornaliero per la camera (quando affittata) sia di 15 euro.

Se hai stabilito una tariffa di affitto di 30 euro, sottrai dalla tariffa il costo variabile e ottieni così il margine di contribuzione unitario Mdcu (15 euro). Se moltiplichi i 15 euro per le tre camere, significa che la tua struttura ricettiva produce un margine unitario (Mdcu) di 45 euro a notte.

**Margine di contribuzione unitario**

Tariffa – Costo variabile

30 Euro – 15 Euro

= 15 Euro × 3 Camere = 15 Euro (Mdcu)

Per coprire 5.000 euro di costi, dunque, ti basta affittare le tre camere per 111 notti (30% occupazione). Le 111 notti rappresentano il tuo punto di pareggio. È corretto dire che dopo 111 giorni di affitto non hai più costi fissi? Assolutamente sì, anche se sarebbe più corretto dire che i costi fissi sono stati coperti.

**Punto di pareggio**

Costi fissi / Margine di contribuzione unitario

5.000 Euro / 45 Euro

= 111 (Notti)

Con questo calcolo hai scoperto quante notti devi vendere (affittare) per coprire tutti i costi della struttura (fissi e variabili). Prova ad aumentare le tariffe o ridurre i costi fissi e/o variabili per comprendere immediatamente che l'analisi di *break even point* è sensibile a tre leve:

1) Costi fissi

1) Costi variabili

3) Tariffe (prezzo di vendita).

Con questo esempio hai compreso che, per una piccola struttura è sufficiente lavorare intensamente meno di quattro mesi all'anno, a prezzi super onesti per coprire i costi.

A questo punto facciamo una simulazione di calcolo lavorando prima sulla leva dei costi variabili, poi sulla leva delle tariffe, e infine su una leva combinata di riduzione dei costi variabili e incremento delle tariffe.

Se dei 15 euro di costi variabili 10 euro erano spesi per il servizio di pulizie a gettone (quindi 30 euro per 3 camere), prova a fare un accordo a ore e a cercare di concentrare il servizio dalle 12 alle 14 (prima del check-in).

Proponi all'addetto alle pulizie di svolgere un servizio regolare di due ore al giorno per 8 euro l'ora. In questo modo avrai eliminato un costo variabile e aggiunto un costo fisso di 480 euro/mese (16×30) e 5.760 (16×30×12) euro l'anno.

**Punto di pareggio**
Costi fissi / Margine di contribuzione unitario
10.760 Euro / 75 Euro
= 143 (Notti)

Ripartiamo da capo. Adesso hai un costo fisso di 10.760 euro l'anno, un costo variabile giornaliero di 5 euro a camera (perché hai trasformato le pulizie in un costo fisso) quindi un margine di 75 euro a camera. Per coprire i costi fissi ti servono 143 giorni di affitti (39% occupazione).

Come vedi, sebbene il margine di contribuzione unitario sia notevolmente aumentato, questa strategia non ha contribuito ad abbassare il punto di pareggio.

Ripartiamo dal nostro schema iniziale, lasciamo invariato il costo per il personale di servizio e proviamo ad aumentare la tariffa a camera di 5 euro. In questo caso il punto di pareggio si riduce a 83 notti.

**Punto di pareggio**
Costi fissi / Margine di contribuzione unitario
5.000 Euro / 60 Euro

=

83 (Notti)

Spesso succede che le tariffe siano errate e che la domanda sia stagnante; una buona analisi dei propri costi ti consente di prendere decisioni corrette e correggere possibili errori di tariffazione.

Fare i conti in casa propria prima di guardare cosa succede ai nostri vicini di casa è davvero molto salutare e fa bene al business. Come vedi finora non abbiamo parlato di concorrenza ma ci siamo limitati a osservare i nostri numeri senza giudicare chi sia più o meno bravo.

Fare *tariffazione Zen* ti consente di capire quali siano i margini di manovra prima di entrare in campo. Il confronto dei dati interni con quelli rilevati dal mercato esterno, potrebbe anche farti scoprire che non c'è spazio per avere successo in quel segmento, magari perché la concorrenza è troppo agguerrita, perché i tuoi costi fissi/variabili sono troppo alti, oppure perché la domanda non è sufficiente a raggiungere l'occupazione che immaginavi come obiettivo.

Al tempo stesso potresti invece capire che c'è un ampio margine di manovra per competere e ricevere un numero cospicuo di prenotazioni.

Fare *tariffazione Zen*, non significa svendere, non significa fare sconti a tutti i costi, non significa necessariamente guadagnare meno, anzi. Partire dai tuoi costi, dall'osservazione del tuo orticello ti consentirà di divertirti con promozioni e azioni di marketing che i tuoi ospiti certamente apprezzeranno facendoti conoscere e guadagnando.

Un prezzo alto comunica valore, ma una promozione spesso sblocca un calo delle vendite. Sapere fin dove potersi spingere è fondamentale.

Nelle prossime pagine vedremo alcune idee che ti serviranno a capitalizzare le promozioni. L'importante è che adesso tu sappia fino a che punto puoi arrivare con le tariffe: sai che la tua camera vuota, invenduta, ha un costo e non ti conviene davvero lasciarla sfitta.

*Tariffazione Zen* non significa vendere a prezzi bassi, rincorrere il mercato dei poveri, ma vuol dire fare marketing dinamico potendo variare le tariffe senza correre il rischio di compiere scelte al buio.

Questo lavoro iniziale richiede un po' di dedizione ma è

necessario per gettare le fondamenta della tua carriera nel settore degli affitti turistici. Quello che abbiamo visto nelle pagine precedenti è davvero l'Abc della tariffazione, e pensa che molti manager nelle grandi strutture ricettive non sanno nemmeno da che parte iniziare per fare analisi di *break even*.

Questo capitolo del libro è davvero prezioso, fanne tesoro, scriviti di nuovo le formule sul tuo blocco appunti preferito e fai esercizio ogni tanto. Si tratta di piccole regole che devono diventare pane quotidiano per il tuo futuro e per la tua carriera in questo settore.

## Il metodo dell'utile desiderato

Con l'analisi del punto di pareggio hai compreso quante notti devi occupare per coprire i costi, ma come calcolare quante notti devi vendere per iniziare a guadagnare?

Semplice: aggiungi ai costi fissi l'utile desiderato. Potrebbe essere un piccolo compenso mensile di 800 euro oppure un compenso più importante, vediamo solo se sia possibile realizzarlo e come. Aggiungi ai costi fissi l'utile desiderato e ripeti la stessa operazione.

Se per esempio l'utile desiderato è di 9.600 euro l'anno (800 euro/mese) scoprirai che con questi costi fissi/variabili, a quelle tariffe, ti servirebbero 243 notti vendute (66% di occupazione) per ottenere il compenso desiderato. È fattibile?

**Utile desiderato**
Costi fissi + Utile desiderato / Mdcu
5.000 C.F. + 9.600 U.D. = 14.600 Euro / 60 Euro
=
243 (Notti)

Ora, facciamo un'altra considerazione: prendiamo sempre come base di partenza i nostri numeri, quelli che abbiamo analizzato. Nella bozza di modelli di business che abbiamo sviluppato hai visto che puoi realizzare un utile di 800 euro al mese con 243 giorni di occupazione a tariffe super competitive. Questo significa che ti sono rimasti altri 122 giorni da vendere. Mi segui? Sì?

Bene, allora sapresti dirmi a quanto potresti vendere le camere in quei 139 giorni per guadagnare altri 800 euro in quei 4 mesi? Se ci pensi bene i tuoi costi fissi e il tuo compenso (utile desiderato) sono già assorbiti dai 243 giorni di affitti.

Prova a fare questo ragionamento e stabilisci una nuova *tariffa Zen* per riempire la tua struttura e guadagnare ancora di più. Se è vero che i tuoi costi fissi sono stati cancellati dal libro dei conti dopo soli 243 giorni ti resta una buona parte dell'anno per divertirti.

Il mio obiettivo era rimuovere le resistenze mentali di cui siamo spesso prigionieri. Ti ricordi? Abbiamo parlato d'influenzatori, di persone che ti dicono cosa dovresti fare, come dovresti e a quanto dovresti vendere. Non appena decidi di vendere a meno, nessuno ti dice che sei onesto, tutti ti danno dello stupido perché potresti certamente guadagnare di più. Questa è la realtà.

Appena deciderai di fare il tuo cammino, troverai sempre qualcuno pronto a dirti che sbagli. Il mio scopo è fornirti gli strumenti per decidere con numeri alla mano e non vaghe sensazioni e percezioni.

Molti imprenditori prendono decisioni basandosi su pregiudizio, impressioni, abitudini sbagliate e false credenze. Il successo dei miei ultimi dieci anni lo devo alla comprensione di questo modello.

In conclusione cosa significa per me *tariffazione Zen*? In breve vuol dire decidere i prezzi partendo dai propri costi e dai propri obiettivi che non necessariamente corrisponderanno a quelli della concorrenza di riferimento perché io ho la mia economia che è, con molta probabilità, diversa da quella del mio concorrente.

Significa ignorare il mercato, la concorrenza e la domanda in una prima fase di analisi per poi scendere in campo con le idee chiare. Ti posso assicurare che queste banalissime tecniche di calcolo sono un "assoluto sconosciuto" per la maggior parte degli imprenditori e dirigenti italiani.
Prima di partire per l'estero, mi sono occupato di consulenza aziendale e il mio primo giorno di lavoro iniziava sempre con un piccolo test che comprendeva alcune domande concernenti l'analisi dei costi.

Il test forniva spesso un risultato e un punteggio insufficienti nei reparti in cui si decidevano i prezzi e nei reparti amministrativi. In poche parole, le aziende sbagliavano clamorosamente i prezzi perdendo così clienti e opportunità... a volte, chiudevano.

Ho incontrato centinaia di persone che dicevano di conoscere questi argomenti e poi in realtà confondevano i costi variabili con i costi fissi e viceversa, rendendo impossibile il calcolo del *break even*. Per te, adesso, prendere decisioni sarà più semplice, ti basteranno carta e penna e verificare quali siano i rischi/benefici di una determinata scelta.

## Stagionalità

Definisci la stagionalità per il tuo immobile e per la località in cui stai facendo affitti brevi. Un immobile con giardino e piscina nei pressi di una città d'arte, in estate, potrebbe registrare tassi di occupazione molto più alti rispetto agli appartamenti e ai b&b del centro storico, di conseguenza la periferia potrebbe consentire di lavorare con tariffe superiori.

L'andamento delle temperature degli ultimi anni ha fatto registrare estati sempre più calde e siccitose e le ondate di calore di cui siamo stati vittime la scorsa estate hanno fatto spostare l'attenzione dei turisti su strutture meglio attrezzate per il turismo estivo.

Le informazioni che dovrai trovare, al fine di definire un calendario eventi della tua città, riguardano fiere, manifestazioni sportive, mostre, concerti, eventi culturali, arrivo di personaggi pubblici ecc. Prendi carta e penna, digita su Google le parole chiave per calendario fiere, arte, concerti e abbozza un calendario eventi.

Cerca informazioni sull'evento; in genere è abbastanza semplice conoscere il numero di arrivi, visitatori che un determinato evento ha generato in passato, quindi potrai confrontare l'importanza degli eventi in base alla disponibilità delle camere e strutture offerte dalla concorrenza.

Puoi anche chiedere riscontro circa la validità degli eventi ad altre attività collegate al mondo turistico; i ristoranti, i taxisti e i tuoi fornitori sono i primi a sapere quanto valgono quegli eventi.

Assegna un punteggio all'evento, stabilisci un livello di importanza da uno a dieci: questo ti aiuterà a decidere le tariffe per quello specifico intervallo di tempo.

Diciamo che la capacità ricettiva della tua città sia di 10.000 persone, quale punteggio assegneresti a un concerto che attrae 3.000 persone? Che punteggio assegneresti a una fiera che attrae 100.000 visitatori?

Un altro consiglio che ti do è di separare gli eventi nei segmenti *leisure* (viaggiare per piacere) e *business* (viaggiare per affari). Mentre il primo segmento di eventi è poco volatile, il secondo è terribilmente influenzato dal fattore meteorologico.

Per i segmenti *leisure*, se non si parla di Capodanno e Pasqua, meglio puntare sulla strategia *early bird* (mattiniero), cioè su una strategia che premi le prenotazioni non rimborsabili, perfezionate con largo anticipo rispetto alla data di arrivo.

### La concorrenza
Una volta che hai definito costi e *punto di pareggio*, hai fatto

chiarezza su obiettivi e *utile desiderato*, sei pronto per dare uno sguardo al mondo esterno. Lo studio della concorrenza parte dall'individuazione degli attori presenti sul mercato, ricercando tutte le strutture ricettive che offrano soluzioni analoghe. Per prima cosa, prova a tracciare un identikit del tuo immobile. In questo esempio ti riconosci come concorrente?

Immobile A: stile classico, oggetto unico, posizione centrale, recente ristrutturazione, due camere, un bagno privato, quattro posti letto, no parcheggio.

Immobile B: stile moderno, fuori porta, dalle foto l'immobile appare un po' datato, due camere, un bagno privato, quattro posti letto, parcheggio gratuito.

Io definirei questo concorrente come di *secondo livello* poiché gli immobili – sebbene accolgano lo stesso numero di ospiti – si rivolgono a due target differenti. Due immobili con lo stesso stile, due camere, bagno privato e parcheggio sono certamente in concorrenza diretta.

Il primo immobile, in centro storico, con arredi e decorazioni classiche potrebbe rivolgersi a un target più alto giustificando una tariffa superiore, mentre il secondo immobile sembra attrarre una clientela più giovane, disposta a spostarsi in macchina e meno interessata all'unicità dell'oggetto.

Ti consiglio di creare una piccola mappa di posizionamento analizzando cosa offrano quei concorrenti che operano nel tuo segmento.

Quando inizierai a osservare i prezzi della concorrenza su Airbnb tieni presente un aspetto molto importante: per un intervallo di tempo, se una struttura è disponibile, significa, di fatto, che è ancora invenduta. Le strutture che invece sono state prenotate non sono più visibili online quindi non saprai mai a quanto siano state affittate.

Questo significa che calcolare esattamente quanto sia ampio il volume della concorrenza di riferimento (di primo, secondo e terzo livello) sarà alquanto complesso e forse impossibile. Il numero di concorrenti potrebbe aumentare a seguito dell'ingresso di nuovi operatori (ne entreranno molti in futuro) nel settore o semplicemente perché un ospite ha fatto un check-out e la camera è tornata sul mercato.

Cerca di stimare il numero dei concorrenti a filtro aperto. Se fai la ricerca usando Airbnb ti consiglio di fare due prove: una filtrando gli immobili con prenotazione immediata e una togliendo il filtro.

Di fatto chi non attiva la prenotazione immediata riceve una risposta molto bassa da parte dei viaggiatori. L'intento di chi non opta per questa opzione è in genere quello di selezionare i viaggiatori e offrire la camera al miglior offerente.

A seguito del crescente numero di annunci presenti nella piattaforma – con opzione prenotazione immediata – l'interesse per gli annunci che spingono il viaggiatore a scambiare messaggi con il padrone di casa prima di prenotare si è ridotto sensibilmente.

I concorrenti di terzo livello sono *competitors* che non entrano direttamente in conflitto con la tua offerta, ma rappresentano un'alternativa possibile per il viaggiatore.

Ti faccio un esempio sui concorrenti di terzo livello: io viaggio con la famiglia, abbiamo un bimbo di sette anni e una bimba di due, dunque siamo in quattro. Idealmente vorremmo affittare un bilocale con un letto matrimoniale e un divano letto nel soggiorno, o possibilmente un trilocale con due camere da letto e un soggiorno, angolo cottura.

Il nostro budget è flessibile, non abbiamo preferenze sulla struttura ma non vogliamo impazzire per il parcheggio. Quando eseguo la ricerca su Booking, la piattaforma mi offre una suite tripla in un hotel a 5 stelle, con lettino supplementare gratuito e parcheggio a pochi euro. Se non troverò altro d'interessante, la prenderò in considerazione.

Questo è un concorrente di *terzo livello*. È molto importante rapportarsi al mondo alberghiero per fare confronti. Il segmento micro ricettivo ha trovato un suo spazio nel settore turistico, perché è stato in grado di offrire un servizio diverso a un prezzo migliore, ma se viene a mancare questo presupposto, l'interesse del consumatore crolla.

Se la catena Holiday Inn, in un momento di offerta stagnante, sta offrendo la camera per due persone a 100 euro a notte, non puoi certo pensare di vendere la camera del tuo b&b alla stessa cifra.

Un albergo generalmente non pone limiti sull'orario di arrivo, offre un servizio di pulizia giornaliero, assistenza 24 ore su 24 e molto altro. Per far sì che il viaggiatore prenoti presso il b&b deve esserci una motivazione forte.

Se il b&b o affittacamere non offre elementi di unicità ed esclusività rispetto all'hotel, ritengo che la tariffa di affitto debba essere almeno inferiore del 20/40% rispetto all'hotel.

Il settore degli affittacamere ovviamente soffre maggiormente la concorrenza diretta con gli alberghi poiché gli elementi di diversificazione sono spesso scarsi.

**Trend**
Anche se hai prestato massima attenzione al calendario degli eventi, sicuramente qualcosa ti sarà sfuggito quindi, per iniziare,

ti consiglio di aprire una paginetta Excel (foglio di calcolo) e creare uno strumento di controllo al fine di mantenere osservato il trend attraverso lo studio della concorrenza di riferimento.

Cos'è il trend? Il trend, o tendenza, è l'andamento complessivo di una tariffa e di un mercato di riferimento entro un certo periodo di tempo.

Il termine è importato dal mercato borsistico; lo studio degli andamenti fornisce informazioni su domanda, occupazione e punti d'inversione. L'analisi delle tariffe di un gruppo "concorrenti di riferimento" offre informazioni su trend rialzista e trend ribassista.

Per allenarti un po' sul *Revenue management* (tecnica di tariffazione) puoi iniziare a familiarizzare con questi concetti, anche se non hai una struttura ricettiva.

Apri un portale di prenotazioni a tua scelta, immagina quali caratteristiche potrebbe avere il tuo immobile e inizia ad analizzare i trend. Ecco cosa devi fare:

186

1) Prendi cinque intervalli di tempo, ad esempio:

- Un week-end della prossima settimana

- Un week-end del prossimo mese

- I primi tre giorni del prossimo mese

- Il prossimo evento importante (ad es. una fiera) in città

- Tre giorni a scelta della prossima bassa stagione


2) Nella colonna di sinistra inserisci i nomi dei tuoi concorrenti, nella colonna di destra inserisci le tariffe offerte nei rispettivi intervalli di tempo.

Ripeti questo esercizio ogni giorno per dieci giorni e registra le variazioni. Capirai immediatamente che alcuni dei tuoi concorrenti fanno già *Revenue*, cioè modificano le tariffe in base all'occupazione, al trend e alle prenotazioni ricevute.

Se continuerai a fare questo esercizio (tassativo farlo nel caso tu abbia una struttura ricettiva), noterai anche che le tariffe cambieranno sotto data e che i concorrenti potrebbero variare strategia improvvisamente (rialzista o ribassista).

Il cambio di strategia potrebbe fornire segnali sul *punto d'inversione* oppure semplicemente rappresentare un'esigenza singola del padrone di casa, interessato a chiudere le date prima degli altri.

Esattamente come nel mercato della borsa, anche nel mondo tariffario, la decisione di un singolo può influenzare le tattiche degli altri quindi ti servirà un po' di esperienza per interpretare i segnali. Se la situazione è meno evidente, ti consiglio di allargare la sfera di analisi ai concorrenti di *terzo livello*.

L'analisi dei trend è importantissima perché ti consente di non lavorare al buio e prendere decisioni velocemente. Una volta capiti i trend, spetta a te decidere cosa fare. Le strategie sono sostanzialmente due*: resistenza* e *ribasso*.

Sul periodo analizzato in quanti siete a competere? Se analizzi anche la concorrenza di secondo livello, quanto è grande la torta? Resistere significa attendere che gli altri vendano, significa puntare il timone verso una logica monopolistica, diventare quindi una delle poche alternative di mercato per quel periodo specifico.

Questa strategia comporta un vantaggio, due possibili rischi e una conseguenza di marketing da tener presente.

Il vantaggio è che, se resisti, potresti avere la possibilità di vendere il soggiorno a un prezzo più alto dei tuoi concorrenti. Per far sì che questa strategia funzioni, la domanda deve essere alta, diversamente potresti ritrovarti ad avere le camere invendute.

Tieni presente che alcuni intervalli di tempo analizzati possono essere influenzati da altri importanti fattori, quali ad esempio il meteo. La strategia di resistenza punta al segmento del *last minute*, che, fino a qualche anno fa, sembrava farla da padrone, ma ultimamente le cose stanno cambiando.

Pensiamo alla Pasqua e alle aspettative che questo evento genera nella mente degli operatori turistici. L'eccesso di entusiasmo spinge le tariffe verso l'alto costringendo il viaggiatore ad approfondire le ricerche e a selezionare con cautela la struttura in cui prenotare.

Il primo rischio è che una tariffa di forte resistenza, volta a ottimizzare il guadagno in occasione di questo evento, rischi di trasformarsi in un vero fallimento nel caso in cui il guru del meteo dia pioggia una o due settimane prima dell'evento.

Se insisti con la strategia rialzista, prenotata una camera, puoi alzare il prezzo per la seconda e così via. Cavalcare il trend dei rialzi è sempre entusiasmante per l'operatore.

Il secondo rischio però è che due ospiti che fanno amicizia in struttura e hanno pagato un prezzo assolutamente diverso ti chiedano un rimborso o almeno una spiegazione, quindi, preparati a gestire anche questa situazione: potrebbe scaturirne una pessima recensione.

La strategia rialzista in genere non funziona durante il lancio dell'attività, durante i primi mesi di avviamento, perché la struttura non ha sufficiente forza e popolarità per spingere su importanti aumenti dei prezzi.

L'attesa determinata dalla strategia di resistenza va in conflitto con le logiche algoritmiche delle Ota, pertanto si rischia immediatamente di perdere visibilità.

## Il modello Ryanair

Il modello tariffario del settore alberghiero ha sempre prediletto l'approccio *last minute* (ultimo minuto) ma le cose stanno cambiando rapidamente. Il modello tariffario introdotto dalle grandi compagnie aeree low cost (tipo Ryanair) è stato importato e utilizzato da molte altre società appartenenti a settori diversi.

Penso ti sarà successo spesso di guardare il prezzo di un biglietto del treno, di un aereo, o di un traghetto per poi renderti conto che quel prezzo, già qualche ora dopo, aumentava sensibilmente.
Il modello su cui si basa questa strategia tariffaria è chiamato *early bird* (uccello del mattino). Qual è il profilo del viaggiatore *early bird*? una persona che si sveglia presto al mattino, che si organizza prima degli altri, che insomma parte prima e arriva prima.

Alle grandi compagnie del booking questo profilo piace sempre di più, rispetto a quello che si organizza all'ultimo minuto. Da un punto di vista del marketing il sistema funziona eccome, perché la promessa del prezzo basso viene mantenuta e il popolo dei mattinieri è effettivamente premiato dal miglior prezzo ottenuto.

La strategia di marketing degli operatori non si basa unicamente sulla riduzione del servizio relativo al solo trasporto, ma trova basi forti nella variazione costante del prezzo in base alle vendite.

L'algoritmo che guida i piani tariffari conduce una politica dei prezzi molto aggressiva per i primi biglietti venduti poi, progressivamente, compensa a rialzo recuperando le perdite (o minori profitti) generate dalle vendite iniziali.

Tale strategia è piaciuta a molti esperti del *Revenue* e oggi iniziamo a trovarne l'applicazione anche nel mercato dell'ospitalità.

Per spiegarti con parole semplici come funziona la strategia, diciamo che il prezzo cui idealmente vorresti vendere la tua camera è di 52 euro. A occupazione zero, prezzi la camera al 50% circa del prezzo desiderato, quindi diciamo 25 euro. A ogni prenotazione ottenuta, aumenti la tariffa di 5 euro.

Se vendi la camera 12 volte in un mese, quale sarà la tariffa media a cui hai venduto la camera? Sempre 52 euro! La tariffa finale è identica, ma l'impatto pubblicitario generato dal primo prezzo è stato certamente molto alto e ha contribuito a rendere distintivo e memorizzabile il messaggio pubblicitario.

In più, ci saranno sicuramente stati molti clienti che, attratti dalla promozione, avranno prenotato altre date ma che, diversamente – se non avessero visto quella promozione – non sarebbero mai entrati sul sito.

Tale strategia di discriminazione del prezzo in funzione del tempo tende ad aumentare il *lead time*, cioè l'intervallo di tempo che intercorre tra la prenotazione e la fruizione del servizio (nel settore dell'ospitalità, quindi, l'arrivo del cliente in struttura) con positivi vantaggi per l'azienda, che può pianificare per tempo i flussi di clientela e concentrarsi sulla promozione dell'invenduto.

Analizzando i dati di chi sta utilizzando una strategia simile, si nota che i prezzi sono ritoccati durante la scalata facendo ribassi e aggiustamenti al fine di riaccendere interesse del consumatore e continuare a stimolare gli algoritmi degli intermediari.

Tale modello tariffario prevede ovviamente un intervento costante sulle tariffe e generalmente viene impostato e controllato attraverso l'utilizzo di software *Revenue* che spesso non ha senso installare presso una piccola struttura ricettiva.

Per un piccolo residence, un affittacamere in presenza di una domanda stagnante può rappresentare comunque un modello da utilizzare al fine di risvegliare il mercato. Per strutture che gestiscono diversi immobili è certamente una traccia da tenere presente.

Penso tu abbia compreso che non esistono più i tempi in cui s'impostava un prezzo che rimaneva inalterato nel tempo. La materia tariffaria sta divenendo sempre di più una scienza fatta di esperimenti e costanti test finalizzati a comprendere quale sia la strategia migliore da attuarsi in un mercato ogni volta più dinamico e complesso.

La straordinaria varietà di prezzi proposti per lo stesso servizio e il repentino mutamento delle tariffe ha come conseguenza che, di fatto, non esiste più una tariffa di riferimento.

# Capitolo 10:
# Come trovare la tua "Reason Why"

Qual è la ragione per cui un ospite dovrebbe scegliere il tuo immobile anziché un altro? Quali sono gli argomenti che ti distingueranno rispetto alla concorrenza? Se hai già una struttura ricettiva, sei ancora in tempo per farti questa domanda, se sei in procinto di aprire al pubblico, ti consiglio di ragionarci bene.

Booking ha raddoppiato il numero di strutture ricettive presenti nel proprio sito internet, adesso sono un milione le ville, gli appartamenti, gli alberghi, gli ostelli, gli agriturismi e i bed and breakfast pubblicati sul portale rispetto ai 500.000 del 2014.

Si stima che le strutture su Booking potrebbero diventare due milioni entro il 2017. Il 20 maggio 2017 Airbnb ha pubblicato il suo rapporto annuale: nel 2016 c'erano 121.000 padroni di casa presenti sul portale e questo numero è destinato a quadruplicare nei prossimi tre anni. Il mercato è indubbiamente grande e la tecnologia consente alla *sharing economy* di espandersi a vista d'occhio.

Gli italiani sembrano essere innamorati dell'idea di poter ospitare un turista in casa propria e possiamo dire di assistere a una nuova pandemia: la febbre Airbnb. In questo scenario come impatterà l'aumento della concorrenza sulla tua economia personale? Sei pronto alla sfida?

In un'Italia in crisi, con milioni d'immobili sfitti e invenduti, sembra che adesso tutti facciano la corsa per accaparrarsi un piccolo immobile da destinare agli affitti turistici.

Soffermarsi sulla necessità di trovare idee e soluzioni per diversificarsi rispetto ai presenti e futuri *competitors* penso sia imprescindibile. Il rischio, infatti, è quello di diventare una *commodity* cioè un bene o un servizio per cui c'è una domanda, ma questo viene offerto sul mercato senza differenze qualitative. Ecco, quindi, su cosa dovrai lavorare per creare la tua *Reason Why*.

## Home staging e Interior design

Se stai avviando una struttura ricettiva o aiutando un host ad aprire, evita la grande distribuzione del mobile. Molti, troppi appartamenti oggi sono arredati con mobili della catena Ikea.

Spesso, infatti, sfogliando le pagine delle agenzie di viaggio (Ota) mi capita di trovare appartamenti con lo stesso letto o lo stesso comodino e questo mi confonde e mi sembra di vedere dei veri e propri duplicati.

Sebbene Ikea produca mobili bellissimi e riponga ogni sforzo per rinnovare cataloghi e prodotti, l'arredamento ideato da grandi catene come questa rischia di spersonalizzare l'immobile e far perdere ogni elemento distintivo.

Quando pensi all'arredamento dell'immobile prova a immaginare che sia come una storia che devi raccontare, o un tema che devi sviluppare; pensa a uno stile unico nel suo genere, cerca di renderlo magico e speciale in qualche modo.

Tutti pensiamo che l'importante è che il letto sia comodo, che ci sia un'ottima connessione internet, che ci siano lenzuola e asciugamani; il tuo annuncio invece deve parlare una lingua diversa da tutti gli altri, le foto devono colpire: l'ospite, quando sfoglia la *gallery*, deve fermarsi e dire "wow" ancora prima di aver consultato le tariffe.

L'attenzione deve essere posta nei dettagli, nella ricerca volta a trasmettere delle emozioni uniche. Fai indagini, viaggia, studia, consulta e sfoglia senza sosta i libri di design, architettura, ascolta il parere di professionisti, esperti del settore; progetta, pensa, crea.

Non risparmiare sull'Home staging, sulla progettazione, sui colori, sui quadri e gli accessori. Non importa cosa stai vendendo, conta come lo stai confezionando.

Affidati a un professionista per il servizio fotografico. Le tue foto saranno viste da milioni di visitatori. Molti proprietari mi chiedono come si fa a lavorare a tariffe più alte: sopra trovi la risposta. Vediamo nel dettaglio come potrebbero aiutarti architetti e Home staging.

L'Home staging è una tecnica di marketing da poco importata in Italia che si pone come obiettivo quello di valorizzare l'immobile e migliorare la prima impressione.

L'Home stager, professionista completo, rivolge la propria attenzione sia alla funzionalità degli spazi sia alla parte emozionale: molte volte, c'è la necessità di far meglio comprendere come arredare un ambiente, ma soprattutto come trasmettere quella sensazione di "casa" che spesso un contesto vuoto o male arredato non ha.

Modificando la posizione di un letto, di un divano, di un armadio, si possono ottenere condizioni migliori di accoglienza e vivibilità.

L'utilizzo, poi, di lampade, tessuti, tendaggi e piante, aiuterà il cliente a sentirsi maggiormente a suo agio e a prenotare quella struttura piuttosto che un'altra. Con l'Home staging applicato al settore micro ricettivo si possono valorizzare determinate caratteristiche di una camera o residenza: la vista sull'esterno o un dettaglio caratteristico.

Questi sono i punti su cui si focalizza l'Home stager, ovvero, valorizzare l'immobile, portando al massimo le sue potenzialità e facendolo distinguere dagli altri.

L'attenzione dell'Home stager si deve soffermare anche sulla scelta della paletta di colori da utilizzare nella tinteggiatura delle pareti, e nella scelta dei complementi, comprendendo carta da parati, tendaggi e accessori. Non dimentichiamo infine i materiali utilizzati: tessuti e legno sono in grado di rendere caldo qualsiasi ambiente E quest'attenzione colpirà senz'altro il cliente sul web.

Le fotografie, specifiche per il mercato immobiliare e per l'arredo degli interni, sapranno raccontare la struttura e mostrare già gli spazi, fin dal primo click.

Il potere dell'Home staging è quindi fondamentale nella micro-ricettività, poiché individuando il target cui potrebbero essere destinati gli immobili, dando loro un nuovo aspetto attraverso una serie mirata di interventi, trasformando e riorganizzando gli spazi, e fotografandoli alla perfezione, è in grado di creare una struttura competitiva e affascinante in un mercato sempre più esigente.

Ecco sette consigli pratici per iniziare da subito a fare un po' di Home staging:

**Ripulire:** una casa sporca e ingombra darà l'impressione ai potenziali clienti di essere stata trascurata, anche nelle parti essenziali, come impiantistica, infissi e rivestimenti.

**Ordinare e sfoltire:** il disordine all'interno di una casa da affittare ha inevitabilmente due conseguenze: la prima è quella di distrarre i clienti dalle dimensioni e dalle potenzialità della casa, l'altra è quella che fa sembrare che la casa non disponga di spazio sufficiente. Elimina il superfluo. Riordina, pulisci ed elimina gli oggetti non necessari, per dare maggiore spazio.

**Neutralizzare:** i viaggiatori devono essere in grado di immaginare se stessi nella tua casa, per questo bisogna togliere ogni oggetto o ricordo che riguardi la tua famiglia o in qualche modo la tua personalità: la casa deve essere il più possibile neutra per adattarsi al gusto del maggior numero di potenziali ospiti.

**Illuminare:** l'utilizzo di adeguati punti luce, preesistenti integrati a piantane a terra e lampade, contribuisce a creare una calda atmosfera, fondamentale per catturare l'attenzione del cliente e farlo sentire "a casa" già al primo click.

**Riparare:** anche i piccoli difetti possono far preferire un altro immobile al vostro. Riparare una maniglia rotta o cambiare una lampadina bruciata farà apparire meglio il tuo immobile, scongiurando eventuali richieste di sconto.

**Arredare:** assicurati che l'arredamento di ogni stanza sia della proporzione corretta in relazione alla sua dimensione. Ricordati di non riempire troppo le stanze con gli arredi. I mobili troppo grandi renderanno una stanza piccola, mentre mobili troppo piccoli possono rendere freddo uno spazio. L'allestimento con i complementi dovrà essere fatto in modo da rendere ogni stanza spaziosa e accogliente.

**Accessoriare:** anche i complementi hanno un ruolo fondamentale per rendere accogliente un immobile. Fiori, piante, tappeti, tessili, tessuti e cuscini decoro completeranno l'allestimento, rendendo più accattivante l'ambiente.

**Foto Wow**

Di foto e Home staging abbiamo parlato a lungo. Io investo sempre moltissimo nel servizio fotografico. Per l'ultima struttura ricettiva che ho realizzato in Thailandia, il budget per il servizio fotografico è quadruplicato; le ville trasformate in un vero e proprio set fotografico completo di fotomodelle, truccatrici e registi.

L'obiettivo era creare uno *storyboard* che facesse nascere un'emozione e catapultasse il fruitore dentro il contesto. Ho deciso così di usare dei modelli di Singapore e Bangkok per questo servizio poiché il target cui puntavo era il mercato asiatico e domestico.

L'esperimento è riuscito e "Villa Sunpao" ha registrato un incremento esponenziale da parte del mercato locale e limitrofo per tutta la stagione monsonica facendo crescere così l'occupazione media annuale del 13% e ottenendo tassi di conversione e visibilità molto alti su tutte le Ota.

## La Guest Experience

L'ospite che prenota in ville, appartamenti privati e b&b, in generale, cerca un'esperienza. Questa è la vera sfida per il settore micro ricettivo.

Il turista vuole relazionarsi con il padrone di casa, desidera vivere il suo territorio, ascoltare i suoi racconti e diventare uno del posto nel giro di qualche ora. Chi prenota presso un privato è alla ricerca di relazioni umane, desidera fare nuove amicizie, instaurare rapporti cordiali e amichevoli e sentirsi uno di casa.

Prepara percorsi, piccoli eventi e occasioni per coinvolgere l'ospite nella tua vita quotidiana, offriti di accompagnarlo qua e là, presentagli i tuoi amici, e fate insieme baldoria.

L'ospitalità è uno dei punti di forza degli italiani, gli stranieri sono curiosi, hanno domande da farti, vogliono sapere tutto della tua vita e sognano di tornare a casa e raccontare che hanno un nuovo amico in Italia. Chi viaggia Airbnb è alla ricerca di un po' di avventura ed è disposto a perdonarti molto se lo sai coccolare.

Lascia perdere i *self check-in*, le schede elettroniche o la chiave sotto lo zerbino: ad accogliere l'ospite devi esserci tu, proprio tu.

Se dell'accoglienza non puoi occupartene personalmente, è fondamentale che la persona incaricata sposi questa filosofia e sia pronta a condividere il proprio mondo e le proprie abitudini con gli ospiti. Ecco otto consigli per migliorare la *Guest Experience* nella tua struttura:

1) Studia la prenotazione. Analizza chi sta arrivando in struttura e se ci sono esigenze particolari che devono essere

soddisfatte. Prepara tutta la documentazione, quindi contratto di affitto, voucher di prenotazione, eventuali inventari concernenti mobili e accessori e fatture per servizi extra, ricevute per tasse di soggiorno ecc.

Ti consiglio anche di preparare una lettera di benvenuto con i tuoi riferimenti telefonici che potrai far trovare all'ospite sul letto magari insieme a un piccolo omaggio floreale o semplicemente un cioccolatino.

2) Allestisci un vassoio con almeno due bottiglie d'acqua per camera, offri tè, zucchero ed eventualmente qualche capsula di caffè espresso (Nespresso, per esempio). Prepara qualche libro e mappa della città, possibilmente anche in inglese e non dimenticare di dare all'ospite i biglietti da visita dei tuoi ristoranti preferiti (dove egli potrà presentarsi a tuo nome sentendosi già un po' speciale).

Se riesci, organizza un servizio in camera; puoi prendere accordi con ristoranti nelle immediate vicinanze che siano organizzati per la consegna a domicilio e fare un figurone.

3) Molto importante anche la linea cortesia nei bagni, quindi i prodotti per la persona quali shampoo, bagnoschiuma, spazzolino, dentifricio. Cerca di non risparmiare su questi dettagli.

4) Wi-fi gratuito ovviamente e a tutta velocità. Sempre di più la nostra vita è condizionata dall'utilizzo di internet, quindi la connessione è più importante di un buon minibar.

5) Prepara qualche gioco per i bimbi. All'arrivo loro saranno nervosi e i genitori stanchi. Tu dovrai probabilmente occuparti della burocrazia (contratti, pagamenti, tasse di soggiorno ecc.), quindi avere una strategia per distrarre i piccoli rende felici loro e aiuta te a rendere più fluide le procedure di check-in.

6) L'ospite sta arrivando. Accompagna il suo viaggio e l'arrivo presso la struttura. Non aspettare che sia lui a mettersi in contatto, anticipalo prima con una mail, poi con un messaggio e infine con una *telefonata* qualche ora prima del check-in. Stupisci il tuo ospite con qualche attenzione.

Se per esempio chi ti ha prenotato viaggia in famiglia con dei bimbi, chiedi se hanno bisogno di una culla o informa che hai installato delle protezioni per le prese di corrente e ti sei premurato di inserire dei paraspigoli antiurto per i bambini. Sono tutte piccole sfumature che fanno davvero la differenza.

7) Siamo giunti al momento del check-in, l'ospite è arrivato. Sei pronto ad accoglierlo? Ricorda che i primi 30 secondi determineranno l'impressione che si farà di te e della struttura che rappresenti. Attendi l'ospite all'ingresso se la camera o appartamento è al piano superiore, presentati, aiutalo con le valigie e chiedi come è andato il viaggio per rompere il ghiaccio.

Adesso concentrati e ascolta. Con le nuove reclute del ricevimento mi divertivo spesso a fare la parte dell'ospite e simulavo le risposte più assurde:

Addetto: "Buongiorno mi chiamo Patrizia, Sig. Rossi, benvenuto nel nostro appartamento, come è andato il suo viaggio? Spero tutto bene…".

Io: "Buongiorno, purtroppo non molto bene, l'aereo ha avuto un guasto tecnico e siamo quasi precipitati".

Addetto: "Ah benissimo mi fa piacere, allora vorrei mostrarle come si apre la cassaforte".

Sarai emozionato le prime volte, dovrai accogliere clienti che non comunicano nella tua lingua, quindi sarai probabilmente più preoccupato di seguire la scaletta anziché ascoltare cosa sta dicendo la persona che hai di fronte... collegati.

Altre domande per creare un clima positivo e caloroso potrebbero essere: "Ha già visitato Milano in passato?". "Ha trovato facilmente parcheggio?". "Quante notti soggiornerà a Milano?" ecc.

Dedica almeno un minuto alle domande di "ambiente" prima di passare – sempre con la massima gentilezza – agli aspetti più pratici e operativi del check-in (depositi, pagamenti ecc.).

Concluso l'iter burocratico, puoi proseguire dicendo:

"Sig. Rossi, mi permetta di illustrarle la camera (o casa) e darle qualche informazione utile per iniziare al meglio il suo soggiorno".

Fornisci tutte le indicazioni su prese di corrente e interruttori; assicurati che l'ospite abbia un adattatore presa di corrente oppure procuratelo. Illustra sistemi di chiusura delle porte e finestre, fornisci istruzioni su eventuali sistemi di sicurezza e cassaforte e dai istruzioni sulle regole del cambio biancheria.

Se stai affittando una casa-vacanze dove tu non coabiti con l'ospite, assicurati di essere in grado di comunicare. Non limitarti a scambiare i numeri, accertati di poter realmente comunicare. Chiedi all'ospite di eseguire un check-in Facebook, questo farà conoscere la tua struttura agli amici del tuo cliente. Tutta pubblicità gratuita.

Quindici minuti dopo i saluti, chiama o invia un messaggio all'ospite per assicurarti che non ci siano problemi o particolari esigenze da soddisfare. Invia un nuovo messaggio il mattino successivo per assicurarti che il soggiorno proceda senza disagi.

8) Infine, chiedi all'ospite di compilare un piccolo questionario su un modulo feedback, ti servirà per capire cosa devi migliorare. Resta in contatto con il tuo cliente dopo il check-out. Invia un messaggio o chiamalo per assicurarti che il viaggio di rientro sia andato bene. Nei prossimi capitoli ti parlerò di *Direct Marketing* e delle strategie per costruire nuovo business grazie ai clienti acquisiti.

## Organizza il Cross-selling

Nel paragrafo della "Guest Experience" si è posto l'accento su quanto sia importante e strategico instaurare una relazione con l'ospite. L'arrivo di un cliente in struttura non può e non deve mai essere interpretato come una fredda e noiosa procedura da espletare, bensì come una preziosa occasione e opportunità per generare nuove entrate.

Un cliente soddisfatto è indubbiamente il miglior veicolo pubblicitario di cui puoi beneficiare per espandere il tuo business.

Una buona attività relazionale ti permetterà anche di fare *Cross-selling*, cioè di proporre servizi aggiuntivi che possono rendere più piacevole la permanenza dell'ospite consentendoti di incrementare il fatturato.

Oggi, molti business nel mondo si basano su una strategia di *Cross-selling*. Forse non lo sai, ma McDonald's ha margini molto bassi sulla vendita degli hamburger e gran parte del profitto deriva dalla vendita delle patatine, delle salse e di tutti quei prodotti che risultano accessori e aggiuntivi rispetto al prodotto *core*.

Anche nel turismo valgono regole simili, quindi, se pensavi di svolgere una pura attività di check-in e check-out senza preoccuparti del seguito, allora, mi dispiace, ma devo dirti che sei leggermente fuori strada.

Potrei affermare che la vera sfida inizierà proprio con la vendita dei servizi aggiuntivi e mi spiace comunicarti che sulla vendita delle camere – a causa dell'aumento della concorrenza e della pressione fiscale sulla tariffa –, probabilmente guadagnerai sempre meno.

È dunque imperativo comprendere che la vendita dei servizi aggiuntivi è strategica anche nel settore extra-alberghiero. La stessa Airbnb ha fatto prima base clienti con il settore *homes* e adesso sta sempre più focalizzando la propria attenzione sulla vendita dei servizi accessori.

Da qualche mese la piattaforma Airbnb offre un'esperienza unica ai turisti che preferiscono una casa alla camera d'albergo.

Sono gli stessi host a offrire avventure speciali in base alle proprie passioni e conoscenze locali. C'è chi offre una gita in vespa, chi un corso di cucina, c'è chi ti porta in barca a vela e, infine, chi semplicemente si offre di diventare tuo amico per qualche ora e ti accompagna a fare un po' di shopping in giro per la città.

Se non hai tempo, non devi necessariamente offrire i servizi in proprio, puoi iniziare facendo una lista delle esigenze o necessità che potrebbe avere il cliente durante il soggiorno e fare accordi con fornitori esterni. Ecco qualche spunto e idea:

*Il mondo dei bimbi*

Chi viaggia con i bambini ha spesso necessità di noleggiare passeggini, culle, lettini, seggiolini per auto, marsupi porta bebè, scalda biberon e altro. Per soddisfare le esigenze dei tuoi ospiti, puoi fare un accordo con aziende specializzate nella vendita e noleggio di articoli per i bambini.

*Il mondo degli anziani*

Rendere la tua casa accessibile anche alle persone anziane sicuramente consentirebbe alla tua struttura di conquistare una nicchia interessante che molti snobbano. Ridurre le barriere e associare la fornitura e noleggio di prodotti per chi ha difficoltà motorie o disabilità, certamente sarebbe apprezzato da chi ha queste esigenze e al tempo stesso contribuirebbe ad aumentare i tuoi margini e profitti.

*Lavanderia*

Fai convenzioni con una lavanderia che offra sconti e un buon servizio e, prima che sia l'ospite a domandartelo, proponilo tu.

Sul listino lavanderia avrai certamente lo spazio per inserire un piccolo ricarico.

*Deposito bagagli*

Non solo un'altra opportunità per fare qualche soldo extra, ma anche il modo per scaricarti di una notevole responsabilità. Il deposito bagagli è comunemente un'esigenza dell'ospite che fa il check-out prima di pranzo, ma vuole fermarsi in loco ancora per qualche ora.

Tu, sia per motivi di spazio sia per questioni di sicurezza, dovrai preoccuparti di trovare un'agenzia che offra questo servizio ai tuoi ospiti. Anche sulla vendita di questo servizio avrai un piccolo guadagno.

Ricorda che in assenza di un servizio organizzato, il contenuto dei bagagli preso in deposito è sotto la tua diretta responsabilità; non sempre gli ospiti sono onesti e in buona fede, quindi potrebbero dirti che sono stati persi oggetti di valore all'interno dei bagagli e tu ne sei responsabile.

Se proprio vuoi offrire il servizio, almeno chiedi all'ospite di firmare un contratto di deposito che ti esoneri da ogni tipo di responsabilità.

*Auto, moto, bici a noleggio*
Bici classica, elettrica, moto e vespe rosse fiammanti. Studia bene il settore del noleggio auto, moto, bici e fai accordi per offrire il servizio ai clienti. Anche su questi servizi aggiuntivi, ovviamente, guadagnerai.

A questo punto spazio alle idee e alla creatività. Prendi una penna, fai una lista di tutti i servizi che potresti offrire e stabilisci un obiettivo di vendita.

**E adesso, marketing**
Allestito l'immobile, fatto il servizio fotografico, preparata la lista dei servizi aggiuntivi e decise le tariffe, adesso dovrai iniziare a promuoverti e fare marketing. Cominciamo quindi a parlare di marketing degli affitti turistici.

## Il marketing tradizionale

Alcune persone credono che il marketing digitale sia in contrasto con quello tradizionale, altre pensano che il marketing digitale abbia completamente sostituito il marketing tradizionale, ma non è così. Le due realtà sono assolutamente complementari e si completano a vicenda consentendo di raggiungere risultati impensabili.

Nel capitolo del marketing digitale parleremo di vendita attraverso le agenzie di viaggio online, vedremo il marketing diretto mediante la creazione di un brand e la promozione nel sito ufficiale, poi parleremo di Dem, newsletter e marketing attraverso i social.

Bene, analizziamo ora come si potrebbero integrare questi strumenti al marketing convenzionale. Facciamo innanzitutto una lista delle possibili leve tradizionali e cerchiamo di capire quali possano essere realmente utilizzate. Ecco un elenco dei diversi strumenti di marketing classici:

- Tv

- Radio

- Stampa (riviste, quotidiani ecc.)

- Volantini, pieghevoli e dépliant

- Affissioni

- Articoli pubblicitari (pubbliredazionali)

- Eventi

- Fiere, mostre, convegni

- Sponsorizzazioni (ad esempio eventi)

- Co-marketing

- Partnership, agenzie e segnalazioni occasionali

- Passaparola e pubbliche relazioni

Ovviamente, tutti i media citati possono raggiungere potenzialmente un'ampia fetta di pubblico e portare grandi risultati, ma occorre chiaramente selezionare il contesto e gli strumenti in base al prodotto/servizio che stiamo vendendo, senza dimenticare il budget che abbiamo in mente per le campagne.

Tralascio tutta la parte relativa all'analisi del processo decisionale nella scelta della destinazione turistica e degli strumenti a disposizioni delle imprese per influenzare questa scelta.

Parto quindi dal presupposto che il cliente abbia già deciso di visitare la tua città. Uno spunto iniziale potrei averlo dall'analisi delle motivazioni che, per l'appunto, guidano il cliente a visitare quella specifica località.

Sto quindi parlando di *contesto*. Vi sono molteplici tipologie di turismo: arte, cultura, sport, natura, paesaggi, affari, studio, sanità e altre ancora: l'azione di marketing deve essere coerente con il contesto.

Nell'ambito del processo decisionale del consumatore target, quali sono i principali fattori che influenzano la decisione?

Il fattore principale è certamente determinato dall'*intangibilità*; il fatto cioè di non poter vedere e toccare il prodotto prima di usarlo. Nel settore digitale questo problema viene in parte compensato dalle recensioni ma spesso queste non convincono il fruitore del servizio.

Sappiamo bene che le recensioni sono comunque il risultato di un'esperienza, percezione e parere soggettivo guidati dal contesto in cui si trovava il turista. Mi spiego meglio: se sono in vacanza, viaggio per rilassarmi e staccare, avrò una percezione della struttura totalmente diversa rispetto a chi viaggia per affari.

Dunque, in alcuni casi, il processo di decisione è influenzato da attori esterni alle logiche digitali. Nel modello tradizionale il turista si lascia influenzare dall'agenzia di viaggio, ma nel settore micro ricettivo sono spesso gli influenzatori di strada a fare leva sui processi decisionali.

Un'attività di micro marketing quindi dovrebbe essere attuata organizzando una serie di strumenti e pianificando un'agenda di azioni da compiere periodicamente. In questo scenario possiamo parlare di micro marketing contestualizzato.

## Il micro marketing contestualizzato

Il *micro marketing contestualizzato* è una tecnica di promozione e marketing che ho inventato e testato qualche anno fa per aiutare lo sviluppo commerciale del segmento *Small Business*. Queste tecniche si prestano molto per la promozione del settore micro ricettivo.

L'applicazione del metodo di promozione micro deve iniziare con un'analisi del contesto e peculiarità del target di riferimento. In secondo luogo, si verifica la coerenza dell'offerta (il prodotto è coerente con la richiesta del target?) e infine si agisce approcciando gli interlocutori.

Ecco tre esempi di micro marketing per il turismo nel business, studio e sanitario:

*Contesto turismo business*
La tua struttura si presta ad accogliere un uomo d'affari? Hai chiare quali siano le esigenze di una persona che viaggia per affari? Il viaggiatore business ha bisogno del parcheggio o posto auto, desidera tranquillità per prepararsi a eventi o riunioni importanti, generalmente non ama ambienti rumorosi e caotici, predilige privacy e riservatezza, pertanto si aspetta di avere tutto in camera.

Potrebbe aver bisogno di stirare una giacca, lavorare al pc, prenotare un'auto a noleggio, prendere un taxi, stampare un documento, fare fotocopie e ottenere qualche buon consiglio sui ristoranti in zona.

*Il micro marketing per il turismo business*
Chiediti perché viaggia e perché potrebbe scegliere la tua struttura. Potrebbe viaggiare per incontrare altri uomini d'affari in zona. Spesso chi viaggia per affari non vuole imprevisti, ha necessità di stare vicino alla destinazione finale così da evitare ritardi dettati da traffico o altro.

In questo contesto, qual è il target di riferimento per l'azione di micro marketing? Sono tutti i possibili interlocutori con cui il viaggiatore d'affari potrebbe entrare in contatto al fine di ottenere consigli o acquistare prodotti e servizi.

Quindi gli strumenti di micro marketing sono elaborati per coinvolgere attivamente gli influenzatori di questo segmento.

Per l'approccio/coinvolgimento dell'autonoleggio ti consiglio di presentarti con una brochure o un pieghevole e un contrattino di segnalazione d'affari (o procacciamento).

Stabilisci insieme all'interlocutore uno sconto o un vantaggio che entrambi offrirete al cliente se affitta rispettivamente auto e immobile presso di voi e definite per iscritto le percentuali di scambio.

Se la tua struttura non è organizzata per la stampa di documenti, fotocopie ecc., potrai fare un piccolo accordo con un Ufficio virtuale (Serviced Office), uffici cioè che mettono a disposizione un servizio di segreteria a supporto di professionisti e aziende. Contestualmente potrai promuovere la tua struttura e ripetere sempre lo stesso esercizio.

Fai un'analisi di tutti i possibili punti d'interesse e possibili attività che potrebbero generare pernottamenti in zona.

Ci potrebbe essere un'azienda che organizza frequenti eventi con manager e impiegati che partecipano a riunioni o corsi di formazione, ci potrebbe essere un notaio, un avvocato o un commercialista che ha rapporti con clienti che vengono da fuori città. A queste categorie puoi proporre convenzioni, riduzioni e servizi speciali.

Per i ristoranti non occorre firmare un contratto di segnalazione, è sufficiente un accordo informale e verbale di scambio del tipo: "Io ti mando clienti, tu mi mandi clienti". L'importante è che il viaggiatore si senta "privilegiato", quindi studiate insieme un vantaggio che il ristoratore darà all'ospite nel presentarti e un vantaggio che tu darai nel consigliare il ristorante.

Per le azioni di micro marketing su questo segmento potrai usare i seguenti strumenti:

- Volantini, pieghevoli e dépliant
- Contratti per segnalazioni occasionali
- Passaparola e pubbliche relazioni

*Contesto turismo per studio*
Il tuo cliente potrebbe essere una persona che deve frequentare un corso di specializzazione o aggiornamento. Fai una ricerca sulle attività di formazione che si svolgono in zona. Potrebbe sfuggirti che c'è un centro che organizza corsi di cucina o corsi per operatori *olistici*. Magari il dentista accanto a te organizza regolarmente seminari di studio.

226

Il target di riferimento sono dunque i corsisti per brevi periodi ma anche altri istituti di formazione e università possono generare un indotto altrettanto interessante. Nel caso dell'università non è "target diretto" lo studente quanto amici e parenti che lo andranno a trovare regolarmente.

*Il micro marketing per il turismo di studio*
Ecco che in base all'analisi e ricerca del segmento "viaggi per motivi di studio" si aprono altre possibilità e opportunità di micro marketing per la tua struttura. Contattare direttamente le aziende e i centri che vendono formazione proponendo convenzioni e accordi è sicuramente la prima cosa da fare.

A questo farei seguire accordi di segnalazione con tutto il mondo collegato ai centri di formazione. Nel caso specifico delle università, non dimenticare che gli studenti vanno spesso fuori sede, pertanto durante la fase di ricerca dell'immobile si apre un'opportunità di affitto a breve.

Poiché i parenti si rivolgono spesso ad agenzie immobiliari e aziende specializzate negli affitti per studenti, un accordo di segnalazione con queste realtà non potrà certo mancare.

Per le azioni di micro marketing su questo segmento potrai usare i seguenti strumenti:

- Volantini, pieghevoli e dépliant
- Contratti per segnalazioni occasionali
- Passaparola e pubbliche relazioni

*Contesto turismo sanitario*
Dietro le apparenze infangate della malasanità, in Italia, ci sono strutture e medici che l'estero ci invidia. Inoltre molti non sanno che l'entrata di una direttiva europea di qualche anno fa consente ai cittadini di 28 Paesi dell'Unione europea di curarsi anche in altri Stati Ue.

Il giro d'affari per questo settore in Italia si aggira già intorno ai due miliardi. Per il settore micro ricettivo questo è un segmento da tenere d'occhio perché il target è rappresentato dal nucleo familiare che preferisce quasi sempre l'intimità di una piccola casa alla tradizionale camera d'albergo.

*Il micro marketing per il turismo sanitario*

Una convenzione ben fatta con una clinica privata o un ospedale potrebbe esonerarti dal leggere il capitolo relativo al marketing digitale. Grazie a un buon accordo potrai raggiungere tassi di occupazione inimmaginabili. In questo segmento, il portiere del Pronto Soccorso e le infermiere possono diventare il tuo migliore strumento pubblicitario.

Promuoviti ovviamente presso le agenzie immobiliari e agenzie di viaggio della zona, stipula contratti e lavora bene sul passaparola che può generarsi attraverso farmacie locali, negozi di articoli sanitari ecc.; non sottovalutare le affissioni all'interno delle strutture o nelle aree limitrofe o la sponsorizzazione di cataloghi, riviste specialistiche di settore.

Per le azioni di micro marketing su questo segmento potrai usare i seguenti strumenti:

- Stampa (riviste, quotidiani ecc.)
- Volantini, pieghevoli e dépliant
- Affissioni

229

- Articoli pubblicitari (pubbliredazionali)
- Partnership, agenzie e segnalazioni occasionali
- Passaparola e pubbliche relazioni

Con questi tre esempi spero di averti fornito qualche spunto per avviare la tua attività di *Micro Marketing*; sono certo che una volta che inizierai si apriranno poi nuove opportunità e idee.

Non sottovalutare anche alberghi e concorrenti. Collaborare è spesso una strategia vincente per guadagnare e far guadagnare. A piena occupazione, potrai indirizzare i clienti presso altre strutture ricavando una piccola commissione sulla segnalazione (in genere 8/10%).

Attraverso accordi di collaborazione, potrete anche supportarvi in caso di *overbooking*, quindi ti consiglio di prendere contatti con gli host della zona. A me è capitato spesso di ricevere prenotazioni e segnalazioni anche da alberghi limitrofi.

Molti albergatori in Italia e nel mondo hanno iniziato ad acquistare appartamenti da mettere a reddito nel segmento degli affitti vacanze quindi non preoccuparti, vedrai che saranno spesso felici di collaborare.

In tutti questi casi è sempre buona regola invitare il tuo interlocutore (agenzia, influenzatore, partner ecc.) a visitare il tuo immobile. Una visita presso l'immobile sarà l'occasione per trasmettere un messaggio emozionale meno freddo rispetto al dépliant o volantino e ti aiuterà a creare un'atmosfera favorevole per parlare di accordi e aspetti economici.

**Il marketing digitale. Punta al brand**
Non limitarti a scrivere "Appartamento nei pressi stazione", studia un marchio che ti identifichi, scegli un nome per la tua struttura, guarda al tuo business come se fosse un'azienda.

Sviluppa il marketing come se tu stessi aprendo una vera e propria attività commerciale al passo con i tempi. Un nome originale (ripeto: originale) ti distinguerà dalla massa dei banalissimi e noiosissimi nomi di appartamenti, ville e bed and breakfast che trovi sui portali di prenotazione. Costruisci una storia e uno stile unici nel loro genere, e raccontali attraverso il tuo nome.

Deciso il nome, registra il dominio su internet. Registrare una *dotcom* costa solo undici dollari. Se il tuo nome è già preso, allora significa che non è originale. Spremiti le meningi, riprova, riparti, rielabora. Trovato? Bene, passa il nome a un ufficio grafico, fai realizzare il tuo logo.

Non risparmiare su questo aspetto, il logo ti accompagnerà per tutta la vita ed è la base per creare future campagne di comunicazione di successo.

Realizza il sito internet; può essere semplice con tre, massimo quattro pagine e dovrebbe contenere:

- Una pagina Home con una bella descrizione
- Un pulsante "Prenota" in Home page (*booking button*)
- Una bella galleria fotografica (parlano le immagini)
- Un blog (che parli di eventi e tue iniziative)
- I link (collegamenti) ai social
- Modulo contatto

232

Non serve altro. Non dovrà costarti più di 500/700 euro. Spendi qualche centinaia di euro per fare ottimizzare le pagine da un esperto Seo (Search Engine Optimization) solo per assicurarti che il nome della struttura sia trovato in prima pagina Google, quando un ospite digita il nome della tua struttura sul motore di ricerca.

Perché? Semplice, perché chi troverà la tua struttura su Booking, Airbnb, Expedia ecc. per prima cosa, uscirà dalla Ota e digiterà il nome della tua struttura su Google per verificare se, mettendosi in contatto con te, può risparmiare sulle commissioni di agenzia.

Assicurati che il sito sia *responsive* (che possa cioè essere consultato dagli smartphone e tablet). Nel blog parla di cosa succede in città: eventi, mostre, sagre, concerti e tue iniziative. Gli articoli ti aiuteranno a generare interesse nelle pagine dei social.

**Sii social**
I social media sono un modo per condividere contenuti con un determinato pubblico. Nel segmento *leisure*, un contributo strategico alla promozione del sito ufficiale della struttura

ricettiva può essere fornito dalle campagne Facebook e da altri social media. Organizzare una campagna pubblicitaria su Facebook è davvero semplice, intuitivo e alla portata di tutti.

Facebook offre la possibilità di creare una fanpage, cioè una pagina dedicata alla promozione della propria attività commerciale o organizzazione. Una volta creata la pagina, si tratta di inserire logo, foto profilo e sarai pronto per la pubblicazione.

I contenuti della pagina possono essere annunci (post) finalizzati alla divulgazione di foto, video e testi. Lo scopo principale della pagina è convincere un pubblico a seguire gli avvenimenti e gli aggiornamenti forniti dall'organizzazione.

Ogni volta che pubblichi una foto, un collegamento a una pagina del tuo sito, il tuo pubblico sarà immediatamente informato e aggiornato e potrà reagire inserendo commenti e apprezzamenti attraverso i "Mi piace".

Dare un apprezzamento secondo il linguaggio di Facebook

significa voler seguire quella pagina, "restare in contattò", pertanto la somma di diversi apprezzamenti crea un *pubblico*, un'audience. Una volta creata la tua audience, ti consiglio di tenere aggiornata la pagina informando il tuo pubblico su eventi della tua città, iniziative della tua struttura oppure speciali promozioni.

Un post può essere promosso anche a pagamento consentendoti di raggiungere un pubblico più ampio (per esempio gli amici delle persone che hanno apprezzato la tua pagina (fanpage). Decidere un importo da dedicare alla promozione del tuo post (annuncio) è molto semplice, puoi scegliere di divulgare l'annuncio a un target specifico.

Se, per esempio, sai che in un determinato periodo dell'anno la clientela tedesca si muove per prenotare case nella tua località turistica dove si trova la tua struttura, allora puoi decidere di diffondere l'annuncio solo in Germania. Grazie alla pubblicità su Facebook puoi anche scegliere il target, cioè la tua clientela obiettivo in base all'età, sesso e interessi specifici.

Per supportare la promozione delle tue camere in occasione del concerto di Vasco Rossi, potresti scegliere come obiettivo del messaggio un raggio di 300 chilometri e selezionare tra gli interessi: "Vasco Rossi". In questo modo, quella campagna si rivolgerebbe solo a quel pubblico, evitando di spendere inutilmente soldi per diffondere il messaggio a chi non sia interessato all'evento.

Facebook ti consente di scegliere la "Call to Action", cioè l'azione che desideri che i tuoi fan compiano per interagire con te. Puoi decidere che l'annuncio li porti all'interno del tuo sito, che ti inviino messaggi diretti o altro.

Dal 2015 io ho iniziato a utilizzare molto Facebook per la promozione delle nostre strutture ricettive. Quest'anno abbiamo investito 500 euro al mese per la promozione di una piccola struttura di dodici ville, che soffriva un calo di prenotazioni nella bassa stagione, e abbiamo diretto una campagna al mercato domestico incrementando così l'occupazione del 14% e riducendo il costo relativo alle commissioni di agenzia del 50%.

Agli ospiti che provenivano dalla campagna Facebook abbiamo richiesto di condividere il proprio check-in sulla pagina individuale. Questo significa che l'ospite, attraverso il check-in sulla pagina Facebook fa sapere ai propri amici e contatti che è entrato in struttura, potendo condividere foto o video della propria esperienza.

Mediamente una persona collegata a Facebook ha 350 amici con cui condivide foto, pensieri, emozioni quindi, per ogni ospite arrivato in struttura, siamo stati in grado di far conoscere la nostra struttura ad altre 350 persone, con un semplice click e gratuitamente. Nell'arco di un mese abbiamo ricevuto oltre 30.000 visite al sito generate dagli stessi ospiti della struttura.

Ovviamente questa strategia ci ha anche consentito di moltiplicare il numero di "tifosi" (audience) aumentando costantemente il volume di persone che possono ricevere aggiornamenti e promozioni da parte nostra.

Facebook ha recentemente acquistato Instagram, un altro social che comunica esclusivamente attraverso le foto e consente di eseguire foto-ritocco e personalizzazione delle immagini.

Per una piccola struttura ricettiva, Instagram potrebbe essere utilizzato per condividere le foto degli ospiti, creando quindi una sorta di album virtuale delle visite.

La finalità è sempre quella di promuovere agli amici degli amici la tua struttura. Esistono molti altri social cui poter collegare il tuo sito internet. Digitando "social media" su Google vedrai che le dinamiche sono più o meno le stesse di Facebook. Gli altri social sono per lo più pensati per aree o segmenti di mercato diversi.

**Promuovi sulle Ota**

Come già premesso, le Ota (Online Travel Agent) sono agenti d'intermediazione online del settore turistico e giocano un ruolo fondamentale nelle dinamiche del web marketing. Anche le Ota appartengono al mondo del commercio elettronico tanto che ormai, in molte strutture ricettive, non si sente più parlare di responsabili marketing bensì di *e-commerce* manager.

Ormai da anni le Ota stanno dominando il terreno delle

prenotazioni e recenti studi di mercato hanno confermato che il cliente preferisce prenotare tramite un'agenzia di viaggio online perché si sente più sicuro.

Questa sensazione di sicurezza sembra essere trasmessa da diversi fattori. Il viaggiatore riceve più informazioni rispetto al sito ufficiale dell'albergo, può verificare le recensioni di altri viaggiatori, i commenti, i punteggi e le critiche, e, al tempo stesso, riceve informazioni sulla località prescelta e consigli sulla camera più adatta alle proprie esigenze e garanzie sul prezzo più basso.

Non stupirti se quando cerchi il nome della tua struttura ricettiva su Google ti appare prima l'annuncio di Booking e altre Ota e poi il link per il tuo sito ufficiale. Questa pratica tollerata da Google (che incassa in pubblicità) si chiama *brandjacking* (rapimento del marchio d'impresa).

Le Ota, investono ingenti somme di denaro su Google Adwords per farsi trovare e spesso investono anche sul nome della tua struttura ricettiva (anche se sarebbe illegale) per ottenere maggiore visibilità e magari portarti via qualche prenotazione diretta.

Grazie allo scambio di informazioni che avviene in rete (a volte non troppo consapevolmente da parte del viaggiatore), le Ota, come altri colossi del commercio elettronico, sono riuscite a definire al massimo quali siano le tue abitudini di acquisto, le tue esigenze e preferenze così da ridurre il più possibile il numero di strutture proposte al cliente e aumentarne la rilevanza.

Gli algoritmi di questi colossi del booking stanno diventando sempre più complessi e articolati, lasciando ben poco spazio all'iniziativa del singolo albergo che ormai ha letteralmente consegnato le chiavi della propria attività a queste nuove multinazionali del turismo.

Qui di seguito prendiamo in analisi le Ota principali per il mercato italiano, cercando di comprendere quali siano le differenze oggettive e percepite da parte di viaggiatori e operatori.

Le Ota hanno veramente rivoluzionato il modo di trovare un

alloggio per le proprie vacanze, creando un catalogo fotografico, super dettagliato, ricco di offerte appetibili per tutte le tasche.

Il calendario è sempre aggiornato, il sistema di prenotazione è immediato, è semplice fare confronti e si può filtrare la ricerca in base agli standard che desidero per il mio soggiorno.

Se desidero l'aria condizionata, il giardino, la piscina privata, internet, con un click posso restringere la ricerca e visualizzare solo le strutture che hanno quelle specifiche caratteristiche. Attraverso la geo-localizzazione è possibile sapere esattamente (anche se non sempre) dove si trova la struttura e ordinare la ricerca per prezzo (da ascendente a discendente e viceversa).

Leggere commenti e critiche di altri viaggiatori tramite il sistema delle recensioni genuine (chi lascia una *review* deve avere davvero soggiornato presso la struttura) è a portata di mano, e consente in pochi minuti di prenotare senza perdere tempo e dovere interagire con la struttura ricettiva.

Il viaggiatore può iniziare ad assaporare la propria vacanza dalla poltrona di casa, senza doversi spostare o raggiungere un'agenzia di viaggio fisicamente; la scelta apparentemente non è influenzata dall'agente, almeno questo è quello che il viaggiatore percepisce.

Per quanto riguarda i proprietari, la svolta è stata anche maggiore; dietro al pagamento di una commissione solo sul venduto, senza costi fissi quindi, l'host ha accesso a un bacino di clienti assolutamente inimmaginabile prima dell'avvento delle Ota. Velocemente, vediamo quali sono le differenze salienti che contraddistinguono le principali agenzie di viaggio online.

Va premesso che, nel settore, le attività di fusione, acquisizione dei portali è in assoluto fermento, pertanto i grandi gruppi stanno facendo scorpacciata di piattaforme più piccole di cui prendono il controllo.

### airbnb

Cresciuta esponenzialmente in pochissimi anni, la piattaforma Airbnb, a differenza delle altre Ota, ha puntato il timone sul segmento *leisure*. I clienti Airbnb evitano gli alberghi, alla ricerca di un'atmosfera e di un'esperienza diverse e la piattaforma accoglie camere, appartamenti, ville, camper, barche, case sull'albero, tende, eccetera.

La piattaforma è diventata quasi un social media e consente ai viaggiatori di chattare (scambiare messaggi) con i padroni di casa prima di eseguire la prenotazione. Airbnb ha un'interfaccia molto intuitiva, facile da usare.

Attraverso la piattaforma, il viaggiatore entra in contatto immediatamente non solo con la struttura ma soprattutto con la persona che la gestisce, potendo consultare le foto del padrone di casa e una descrizione che ha fornito di sé.

Questo contribuisce da subito a creare un rapporto interpersonale tra proprietario e ospite. La piattaforma è davvero molto intuitiva, è semplice consultare le recensioni di altri viaggiatori, fare filtri, leggere le regole della casa e molto altro.

Chi prenota su Airbnb viaggia prevalentemente per piacere e sa che qualche piccolo imprevisto potrebbe esserci. La piattaforma non ha una politica troppo rigida per i proprietari.

Un'interessante funzione distingue Airbnb da tutte le altre Ota: i padroni di casa possono recensire l'ospite costringendolo così a comportarsi bene. Diversamente, altri host potrebbero rifiutare la prenotazione vedendo che altri padroni di casa si sono lamentati del comportamento dell'ospite.

### Priceline Group

Con 68,1 bilioni di prenotazioni nel 2016, Priceline Group si dichiara leader globale dei viaggi online e relativi servizi. La missione di Priceline è aiutare le persone a esperire il mondo.

Il gruppo controlla i portali: Booking, Agoda, Kayak, Rentalcars OpenTable e Momondo.

Nel 2014 ha inaugurato Villas.com, un portale specializzato nella promozione del segmento ville e da sempre si sviluppa attraverso un programma di affiliazioni che include migliaia di sotto-portali.

### Booking.com

Offre ai clienti più fedeli la possibilità di ottenere sconti e offerte speciali dalle varie strutture ricettive tramite il proprio programma *Genius*. L'albergatore ha la facoltà di aderire o meno al programma; il requisito minimo richiesto è l'offerta di uno sconto del 10%.

I proprietari inoltre hanno la possibilità di aggiungere alcuni servizi riservati solo ai clienti *Genius*, quali *late check-out, early check-in*, wi-fi gratis, parcheggio gratuito ecc.

Il vantaggio di offrire questi servizi è una maggiore visibilità nelle pagine di ricerca e l'inserimento della propria struttura nelle offerte segrete riservate al club dei *Genius*.

È delegata all'operatore la facoltà di decidere se addebitare la carta oppure no. Gli alberghi con ampia disponibilità di camere promuovono la possibilità per il viaggiatore di pagare al check-in. Questo, di fatto, rappresenta un forte argomento di vendita che i viaggiatori sicuramente apprezzano.

È amato dagli albergatori soprattutto perché la piattaforma consegna all'operatore i dati della carta di credito dell'ospite e gli consente di decidere se e come incassare. Tale strategia permette all'host di generare cassa prima dell'arrivo dell'ospite in struttura, oppure attendere che il viaggiatore effettui il pagamento al check-in.

Booking però non verifica se la carta di credito sia valida e contenga i fondi necessari al pagamento della prenotazione. Questo spesso rappresenta un problema per gli operatori in quanto molti viaggiatori (che lo sanno) forniscono carte di credito non valide o prive di disponibilità.

In questo caso l'host deve segnalare a Booking.com l'impossibilità di incassare; dal momento della segnalazione il cliente ha 24 ore di tempo per fornire una nuova carta di credito.

Se entro le 24 ore il cliente non fornisce una nuova carta, l'operatore ha diritto di cancellare la prenotazione. Per assurdo, l'ospite potrebbe fornire un'altra carta invalida rendendo di fatto impossibile all'operatore cancellare la prenotazione con il rischio di arrivare sotto data, senza aver riscosso quanto dovuto.

Avvicinandosi alla data di check-in, cresce anche il rischio di *no-show* (assenza di un viaggiatore, mancata presentazione di un cliente), quindi perdita del corrispettivo senza possibilità di rivendere la stanza. In seguito a molteplici lamentele da parte di albergatori e padroni di casa frustrati da questo sistema, Booking sta iniziando ora ad adeguarsi alle altre Ota, offrendo ai clienti di pagare direttamente tramite la piattaforma e successivamente fornendo agli albergatori una carta di credito virtuale come fanno molte altre Ota.

L'operatore paga commissioni mediamente più basse rispetto alle altre Ota. Dal momento della prenotazione, la piattaforma mette in comunicazione viaggiatore e operatore consentendo di scambiare messaggi e telefonate.

## agoda

Portale sviluppato in Thailandia e acquisito da Priceline nel 2007, quando la società aveva sedi solo a Bangkok e Singapore e sviluppava prenotazioni lorde per 36 milioni di dollari. Oggi accoglie in piattaforma oltre un milione di immobili.

Agoda ha puntato sul programma di *reward* (premi e ricompense) ai propri clienti, offrendo punti per ogni prenotazione effettuata, da poter poi spendere per futuri soggiorni.

La strategia *reward* risulta vantaggiosa anche per gli host, in quanto stimola gli ospiti a viaggiare e prenotare nuovamente attraverso la stessa piattaforma, quindi, indirettamente fidelizza il viaggiatore anche alle strutture promosse dall'agenzia.

Agoda riceve il pagamento per conto del viaggiatore e lo rilascia all'operatore solo dopo il check-in. Le commissioni sono piuttosto alte e probabilmente contribuiscono a finanziare il sistema di premiazione a punti.

## Expedia

Fondata da Microsoft nel 1996, da cui poi si staccherà nel 1999, oggi è una multinazionale di viaggi che incorpora piattaforme Ota, aggregatori, metamotori e diversi marchi internazionali tra cui: Hotels.com, Hotwire, Trivago, Travelocity, Orbitz, Homeaway, ecc...

Expedia fa *Bundling*, cioè punta su un'offerta al viaggiatore a tutto tondo, inglobando altri servizi e pacchetti turistici, nella propria proposta. Il viaggiatore può prenotare, da una sola piattaforma, voli, strutture alberghiere, noleggio auto, tour e molto altro, rendendo di fatto la pianificazione del proprio viaggio più semplice e diretta.

Expedia collabora con i maggiori tour operator e compagnie aeree: entrare in questo network può essere molto vantaggioso per i proprietari, poiché permette di essere presenti su uno dei portali più utilizzati al mondo. Molte compagnie aeree, infatti, offrono la possibilità di prenotare strutture alberghiere proprio in partnership con Expedia.

Il gruppo inoltre ha inglobato molte altre Ota, quindi un annuncio è automaticamente riportato su tutte le piattaforme del gruppo.

Gli operatori hanno la possibilità di fornire due tariffe a Expedia: una standard e una opaca (o package) che Expedia utilizzerà solamente per la vendita in abbinamento ad altri prodotti (per esempio un volo). Le prenotazioni legate a un pacchetto hanno inoltre il vantaggio di essere meno soggette a cancellazione.

La possibilità di promuoversi in abbinamento a un altro prodotto inoltre aumenta decisamente la visibilità della struttura; un viaggiatore che cerca informazioni su un'auto a noleggio, ad esempio, potrebbe trovare un pacchetto auto + soggiorno a una tariffa speciale e a offrire quel soggiorno potresti essere proprio tu.

Expedia, attraverso il proprio *Extranet Partner Central*, permette al proprietario di gestire quasi completamente la propria pagina; è possibile, infatti, creare promozioni, camere virtuali, modificare le immagini, aggiungere nuovi servizi e rispondere alle recensioni dei clienti.

All'interno della pagina è disponibile un servizio di *Revenue management* chiamato Rev+. Questo strumento è di grande supporto per la formulazione delle tariffe, permette di personalizzare il proprio calendario e tenere sotto controllo un gruppo di concorrenti (scelti dall'operatore in base alle proprie caratteristiche), potendo cosi confrontare prezzi, disponibilità e promozioni attuati dalla concorrenza in Expedia.

Tieni presente che tutti questi portali a loro volta hanno nel tempo acquisito altri portali quindi, se ti promuovi su tre canali di distribuzione importanti (Booking, Expedia, Agoda), il tuo annuncio sarà automaticamente ripetuto su almeno altri 30 canali di proprietà.

Inoltre tutte le Ota hanno attivato contratti di affiliazione, al fine di poter vendere le camere all'interno di portali di viaggio che registrano un numero alto di visite.

Se prenoti un volo tramite Easyjet e selezioni offerte per gli hotel, vedrai immediatamente che il sito ti rimanda a una pagina condivisa con Booking.com. Booking condivide anche una parte della propria commissione con il portale affiliato.

L'utilizzatore del sito ha la sensazione di essere all'interno del portale della compagnia aerea ma in realtà sta navigando tra le pagine dell'agenzia di viaggio (in questo caso Booking).

## Il Channel manager

Il Channel manager è un software che aggiorna prezzi,

disponibilità e prenotazioni sui canali di vendita (Ota) in modalità replicativa.

Questo tipo di software è stato elaborato per consentire agli albergatori di aggiornare velocemente calendari, prenotazioni e tariffe senza dover entrare nelle pagine extranet di tutte le agenzie (Ota) ma soprattutto per evitare situazioni di *overbooking* (accavallamento delle prenotazioni).

Grazie al Channel manager è possibile collegare centinaia di agenzie di viaggio al software e tenere sempre sincronizzati i dati in tempo (quasi) reale.

Alcuni Channel manager hanno una struttura abbastanza semplificata; in questi casi solamente i prezzi per le camere e alcune regole di prenotazione, oltre che il calendario delle date, sono aggiornate e sincronizzate dal sistema.

Altri Channel manager invece sono molto sofisticati e consentono la creazione di camere virtuali, promozioni e tariffe diversificate per i diversi canali di distribuzione. La creazione di camere virtuali consente ad esempio di vendere la stessa stanza includendo o escludendo servizi diversi, e definendo tariffe differenziate in relazione alla cancellazione o alla modalità di pagamento.

Ammettiamo ad esempio che la tua struttura abbia tre camere e che tu voglia vendere la stessa camera con tariffe diverse per:

- Singola occupazione
- Doppia occupazione
- Colazione inclusa
- Colazione esclusa
- Tariffa prenotazione rimborsabile
- Tariffa prenotazione non rimborsabile

Tutte queste impostazioni si generano attraverso la creazione di camere virtuali e grazie al Channel manager.

Chi entra nella pagina della tua struttura vedrà 6 opzioni per ogni camera, quindi un totale di 18 opzioni disponibili. Questo consentirà all'ospite di prenotare la soluzione che soddisfi di più le sue esigenze e al tempo stesso l'offerta contribuirà a trasmettere la percezione che la struttura abbia un numero superiore di camere.

Ovviamente il Channel manager chiuderà automaticamente la disponibilità della camera qualora sia venduta evitando quindi situazioni di *overbooking*. Questa funzione è molto utile anche per chi vende ville o appartamenti a corpo (cioè non a camere) ma vuole offrire la possibilità agli ospiti di prenotare anche un numero limitato di stanze.

Se ad esempio hai una villa con quattro camere che ospita in totale otto persone, non sarà semplice trovare in bassa stagione un gruppo di persone interessato ad affittare l'intera villa. Potrebbe essere invece possibile trovare gruppi interessati ad affittare la villa solo con due camere o tre.

In questo caso, grazie al Channel manager, si possono creare le diverse opzioni per non rischiare di perdere preziose prenotazioni. Contestualmente alla conferma della prenotazione della villa con tre camere, il software automaticamente considererà prenotata l'intera villa e quindi bloccherà le date. Il padrone di casa potrà fisicamente chiudere una stanza per evitare che gli ospiti vi accedano.

La maggior parte dei Channel manager prevede anche l'integrazione al cosiddetto *booking button* o *booking engine*, cioè un pulsante da inserire all'interno del sito ufficiale o delle pagine dei social e da collegare a una pagina di prenotazione che consente di ricevere prenotazioni dirette senza pagare commissioni alle Ota.

Generalmente chi si occupa della parte di *Revenue* (tariffazione strategica) costruisce la piramide dei prezzi in base al costo delle commissioni corrisposte ai diversi canali. Questa tariffa da cui si parte in gergo si definisce Bar (Best Available Rate).

Ad esempio, se la vostra Bar è di 100 euro, potrete decidere attraverso le impostazioni del Channel manager di vendere sul vostro sito ufficiale a 100, su Airbnb a 105, su Booking a 115 e su Agoda a 120, recuperando in questo modo i costi delle commissioni.

Nel capitolo relativo al quadro normativo, abbiamo visto che questo è possibile in quanto è stata eliminata la *Parity Rate* in Italia. Per poter attuare questa politica tariffaria, da un punto di vista informatico, è necessario un buon Channel manager che gestisca tali funzioni, si integri con i canali e che preveda un *booking button* per generare prenotazioni dirette.

Altro importante contributo alla gestione e marketing della struttura è fornito dal Pms (Property Management System) spesso venduto in associazione al Channel manager.

Il Pms in genere fornisce visibilità immediata sul calendario prenotazioni e consente di spostare gli ospiti su camere diverse in modo semplice e intuitivo.

Nei grandi alberghi o strutture più importanti, il Pms fornisce supporto anche per la gestione del dipartimento manutentori, personale di servizio, food and beverage, catering e Spa.
Pms apre una finestra sulla gestione del Crm (Customer Relationship Management) potendo integrarsi con le banche dati dei clienti e consentendo al manager e ai dipendenti di conoscere

meglio i comportamenti e le preferenze degli ospiti, in modo da migliorare la loro esperienza e soddisfazione.

Molto importante la funzione *statistiche* (o report).

Sebbene le singole Ota, all'interno della intranet, forniscano dati e informazioni concernenti occupazione, fatturato, numero di prenotazioni ecc., il Channel ha il pregio di raggruppare le informazioni derivanti da tutti i canali (sito compreso) e organizzarle in una pagina delle statistiche, così da rendere visibile quale sia stata la performance nel passato.

Quando (e se) scegli il Channel manager, assicurati che il Pms fornisca almeno questi dati: numero di camere vendute, camere chiuse per manutenzione, numero di camere invendute, occupazione, durata media del soggiorno, tempo intercorrente tra la data di prenotazione e l'arrivo dell'ospite, ricavo medio per prenotazione, ricavo medio per camera disponibile, tariffa media giornaliera e numero di prenotazioni cancellate.

Al momento, per l'*albergo diffuso*, io utilizzo *WuBook*, prodotto dalla Ericsoft di Fano, mentre per le piccole strutture indipendenti ho finora utilizzato *Little Hotelier* prodotto da SiteMinder Australia (da poco distribuito anche in Italia).

Ecco, ad esempio, come appaiono calendari e statistiche nel Pms di SiteMinder – Little Hotelier (fatto molto bene, a mio avviso).

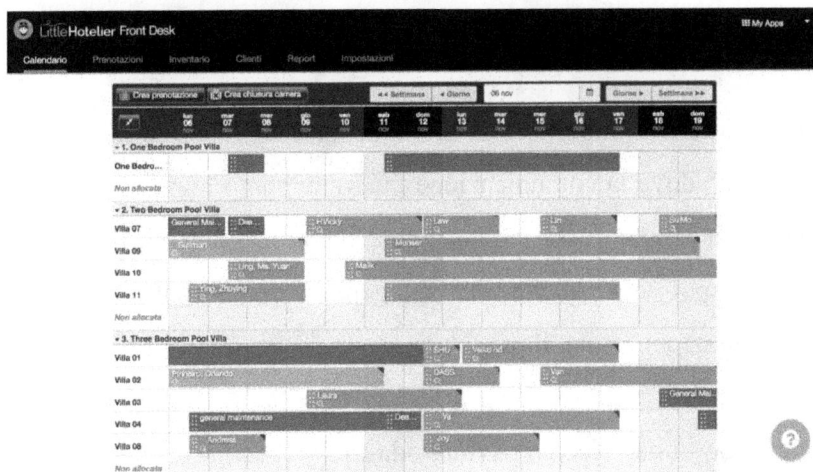

## Metamotori (Metasearch)

L'installazione del Channel manager consente il collegamento ai metamotori (*metasearch*). I metamotori nel commercio elettronico sono il modo più veloce e diretto tramite cui i consumatori possono trovare prodotti o servizi e fare immediate comparazioni di prezzo.

Anche nel settore turistico i metamotori hanno fatto il loro ingresso già da qualche anno. Si tratta di siti di aggregazione dati raccolti dalle agenzie o altri fonti e offrono al consumatore la possibilità di confrontare velocemente le tariffe offerte dai vari operatori turistici.

Ricorderete la pubblicità di Trivago: "stesso Hotel ma due prezzi diversi", dove la comunicazione faceva appunto leva sul fatto che la stessa camera fosse stata offerta a due prezzi diversi. La finalità dello spot era quella di spingere il consumatore a fare comparazioni prima di prenotare.

Secondo una ricerca svolta da *L2 Prestige Hotels 2014 Metasearch Insight Report*, il 35% dei britannici, il 38% dei francesi e il 42% dei tedeschi, che organizzano il proprio viaggio online, usa i metamotori per prenotare il proprio hotel. Anche in Italia questa tendenza è assolutamente in crescita.

Persino un'agenzia di viaggio meno conosciuta rispetto alle multinazionali del booking può promuoversi all'interno del metamotore e offrire tariffe più basse garantendo un vantaggio sia all'operatore (che paga commissioni inferiori) sia al viaggiatore (che prenota a meno).

Grazie ai metamotori, anche il sito ufficiale della struttura ricettiva può ottenere visibilità apparendo accanto alle grandi agenzie di viaggio.

A entrare nel settore dei metamotori sono proprio i grandi del web, primi tra tutti Google con Hotel Ads, poi TripAdvisor, Kayak, Trivago, Amazon ecc.

A differenza delle Ota, alcuni metamotori non ricevono commissioni sulle prenotazioni ma addebitano un costo a click (visita) che può essere definito dall'utilizzatore.

Il mio consiglio è di impostare dei test e verificare quale sia il costo-beneficio per ogni campagna. Ovviamente, lo scopo principale del metamotore è di veicolare le prenotazioni sul sito ufficiale, quindi è opportuno assicurarsi che la pagina della propria struttura sia corredata di *booking engine* e offra tariffe competitive.

## Conclusioni

Parlando di marketing online, sicuramente la prima attività da compiere per aumentare la visibilità e le prenotazioni derivanti dal web è quella di collegare più canali possibili alla struttura.

Generalmente, quando prendo in gestione una struttura ricettiva, inizio la promozione e il marketing dalla piattaforma Airbnb, passo a Booking poi attivo il Channel. Una volta sincronizzati i canali al Channel sono pronto per collegare il *booking button* al sito ufficiale e attivare il canale di Expedia e metamotori.

Se le prenotazioni e l'occupazione non sono sufficienti, collego altri canali poi intervengo nuovamente su algoritmi e tariffe. Parallelamente, sviluppo il marketing tradizionale e mi accerto di conservare i dati dei clienti per future azioni di *direct marketing*.

**Il direct marketing**
Forse hai già ottenuto prenotazioni, hai già stretto nuove amicizie con i tuoi ospiti e quindi hai conosciuto un sacco di viaggiatori che amano la tua città e la tua struttura. Ora preoccupiamoci di mantenerci in contatto con il tuo pubblico e conservare la *customer base* (base clienti).

Come abbiamo già visto, è più importante conservare un cliente che acquisirne uno nuovo perché lo scenario degli affitti turistici diventerà sempre più competitivo in futuro e perché ovviamente costa molto meno conservare un cliente che acquisirne uno nuovo.

Il primo consiglio che ti do è di creare una banca dati dei tuoi clienti. Ci sono moltissimi software online anche gratuiti che si chiamano Crm e ti consentono di archiviare i dati dei tuoi clienti, associarvi delle informazioni e tenere sotto controllo le azioni di marketing che sono state attivate nel tempo.

Se non vuoi installare un Crm, un foglio di calcolo Excel è più che sufficiente. Registra nome, cognome, data di nascita, email e numero telefonico; questi dati ti sono necessari per restare in contatto con la tua clientela.

Se ci pensi, con questa lista di clienti puoi fare tantissime cose che ti consentiranno di costruire una vera e propria relazione nel tempo. Potrai inviare gli auguri di compleanno, spedire un semplice sms per salutare il tuo cliente o usare la lista per inviare offerte (Dem) o Newsletter.

Prima di iniziare a parlare di *direct marketing* lasciami spiegare sommariamente qual è la differenza tra una Dem (Direct email marketing) e una Newsletter.

La Dem è l'invio di un'email pubblicitaria indirizzata a un target specifico con l'obiettivo di promuovere e vendere. Quando si parla di Dem l'attenzione è focalizzata sulla *call to action*, quindi sulla conversione.

La Newsletter informa, aggiorna il lettore su nuovi prodotti, nuovi servizi ecc., mentre la Dem punta alla vendita: "Prenota ora e ottieni questo o quello".

Tanto la Dem quanto la Newsletter sono due strumenti di marketing da utilizzare con molta cautela perché, tenendo presente che i clienti sono spesso letteralmente bombardati di email, di certo tu non vorrai far parte di questa noiosa azione di martellamento.

È fondamentale capire che possedere l'indirizzo email di un cliente non significa prendersi la libertà di disturbarlo 2 o 3 volte alla settimana per inviare inutili, ridondanti offerte.

Io ti consiglio di mandare al massimo una sola Newsletter al mese se davvero hai qualcosa da comunicare e di inviare un'offerta Dem solo veramente quando ci sia una proposta incredibilmente vantaggiosa per il cliente.

Come scrivere una Dem: importante è partire dall'oggetto dell'email che in qualche modo deve anticipare il contenuto. Ci sono diversi software per inviare Dem e Newsletter, il mio preferito è MailChimp che con la sua simpatica scimmietta rende meno noioso preparare *template* (modello) e inviare email.

MailChimp offre inoltre una serie di modelli predefiniti (*templates*) corredati di idee e spunti che consentono anche a un principiante di organizzare professionali campagne *direct*.

Il mittente della Dem o Newsletter deve essere chiaro e riconoscibile. Il contenuto del messaggio deve essere trasmesso nelle prime righe della pagina, possibilmente portando sulla sinistra il centro dell'immagine.

Le immagini devono essere ottimizzate per l'invio tramite email, ovviamente in una risoluzione che sia adatta alla lettura via tramite posta elettronica, quindi veloci da scaricare (MailChimp ti guida nella scelta della dimensione).

Dunque, facciamo un esercizio. Quale potrebbe essere il contenuto di una campagna email indirizzata a ospiti che hanno soggiornato presso la tua struttura? Idealmente, il contenuto del messaggio dovrebbe essere legato a una speciale promozione e a una speciale offerta che stai inviando: ad esempio, in occasione di un evento.

Vasco Rossi in città può essere una scusa per inviare un'offerta segreta ai tuoi clienti? Il testo potrà essere molto corto, molto diretto e invitare all'azione. Il pulsante "Prenota ora" rimanderà alla pagina del sito ufficiale (*booking button*) della tua struttura, dove saranno indicate le tariffe e la disponibilità per quella data. Costo campagna? Zero.

Per realizzare la grafica impiegherai non più di 20 minuti, basterà una foto di Vasco e i link ai social media al fine di consentire la vitalità del messaggio. Il tuo cliente potrebbe non essere direttamente interessato all'offerta, ma potrebbe segnalarla agli amici appassionati di Vasco o in giro per la città per quelle date.

Alla campagna potresti associare un timer con conto alla rovescia indicando che l'offerta è valida solo per poche ore, così da far pressione sulla *call to action*.

In fondo alla pagina promozionale della Dem, ricordati sempre di inserire le informazioni relative alla tutela della privacy al trattamento dati personali, nonché quelle informazioni che consentono di modificare le preferenze di ricezione, e quindi, eventualmente, la cancellazione dalla mailing-list.

# Capitolo 11:

# Come monitorare le tue performance

Come procede? In relazione a un bilancio (o budget preventivo) l'analisi degli scostamenti è la prima attività da svolgere e viene posta in essere al termine del periodo di verifica.

È l'operazione conclusiva del processo di controllo e conduce a tre possibili risultati:

- variazione positiva
- controllo concomitante
- variazione negativa

Nel caso si sia manifestata una differenza negativa, l'analisi serve a porsi due domande:

- Come è opportuno intervenire, correggere?
- Chi è responsabile delle differenze?

Nel capitolo relativo alla tariffazione, abbiamo parlato di costi fissi, costi variabili, punto di pareggio e utile desiderato quindi, a fine mese, è opportuno verificare se siamo in linea con questi dati.

Svolgere un controllo mensile consente di correggere le disfunzioni prima che sia troppo tardi, e permette di riallineare la condotta aziendale eventualmente riformulando il budget.

Data la dinamicità dei mercati, in molte aziende stanno sempre più intensificandosi i momenti di revisione dei budget e i relativi riallineamenti. L'analisi frequente degli scostamenti consente inoltre di considerare eventuali fatti nuovi e diversi, emersi durante il percorso, non pianificabili a inizio attività.

| Voci di analisi | Budget | Consuntivo | Scostamento |
|---|---|---|---|
| Occupazione | 60% | 55% | 5% |
| Tariffa media | 70 | 55 | 15 |
| **RICAVI** | | | |
| Ricavi (Fatturato) | 1,500 | 1,400 | -100 |
| Recuperi per spese pulizia | 300 | 300 | 0 |
| Attività di Cross Selling | 100 | 0 | -100 |
| TOTALE RICAVI | 1,900 | 1,700 | -200 |
| **COSTI VARIABILI** | | | |
| Agenzie di viaggio (OTA) | 150 | 170 | -20 |
| Spese di pulizia | 150 | 150 | 0 |
| Energia elettrica | 100 | 110 | -10 |
| TOTALE COSTI VARIABILI | 400 | 430 | -30 |
| MARGINE DI CONTRIBUZIONE | 1,500 | 1,270 | -230 |
| **COSTI FISSI** | | | |
| Spese condominiali | 300 | 300 | 0 |
| Tasse di proprietà | 120 | 120 | 0 |
| TOTALE COSTI FISSI | 420 | 420 | 0 |

Per procedere con l'analisi è sufficiente redigere un foglio di controllo a quattro colonne contenenti: le voci di analisi, il budget, il consuntivo e lo scostamento.

Il documento consente di eseguire un confronto rapido, così da individuare cause e interventi possibili per migliorare la performance per i mesi a venire.

Nell'esempio fornito, la struttura ha raggiunto un'occupazione inferiore rispetto al previsto, pagato commissioni più alte alle agenzie e mancato completamente l'obiettivo di vendita dei servizi accessori (*Cross-selling*).

Si dovrebbe pertanto intervenire su una strategia di disintermediazione finalizzata a ridurre il costo delle commissioni di agenzia e al tempo stesso migliorare l'occupazione. In relazione al *Cross-selling*, servirà attuare una strategia migliorativa per ridefinire i servizi proposti e le tecniche di vendita utilizzate per la vendita degli stessi.

**Visibilità (Ranking)**
Controlla quale sia la posizione conquistata nelle pagine degli annunci. Fai le prove applicando e rimuovendo i filtri. Se hai una casa con due camere, che ospita sei persone, cerca per esempio tutti gli immobili disponibili per sei persone e scrivi in un file

Excel in quale pagina hai riscontrato il tuo annuncio.

Ripeti l'operazione filtrando gli immobili idonei per quattro persone e poi per due persone e singola occupazione. Attraverso tale analisi capirai come le piattaforme ti promuovano rispetto ad altri concorrenti.

La tua struttura viene mostrata in fondo, dopo altre decine di centinaia di immobili? In questo caso occorre attuare una strategia per migliorare la visibilità. Come?

Semplice: vendere, vendere, vendere. Questa è la prima regola per *stare in alto*. Se vuoi essere visto per primo, prima comprendi come si fa e prima riempirai il tuo calendario di prenotazioni. Più stai in alto più vendi, più vendi, più vai in alto. Perché?

Perché il sistema ti registra come un "bestseller", quindi sa che può fare più soldi attraverso la vendita della tua struttura e, di conseguenza, ti fa salire di posizione. Al sistema non interessa cosa stai vendendo, il sistema, se vendi, ti nota e tifa per te.

Il modo più semplice per acquisire visibilità è pagare più commissioni all'agenzia. Booking ad esempio, nella extranet (la pagina riservata agli operatori), spiega come cambia il posizionamento per ogni incremento di commissioni.

La commissione di Booking – per il programma *Preferred Hotel Program* – varia dal 15 al 17%, ma il sistema consente di aumentare le commissioni fino al 50%.

Se consideriamo la commissione standard del 15%, possiamo applicare la seguente formula per capire come ragiona il sistema. Il profitto di Booking deriva dalla commissione ricevuta sul prezzo medio.

Per costo di acquisizione s'intende il costo variabile che Booking ha dovuto sostenere per promuovere quella struttura. Ne consegue che la visibilità aumenta quando il tasso di conversione meno il numero di cancellazioni è più alto.

Il tasso di conversione consiste nel numero di prenotazioni in proporzione al numero di visite ricevute.

Se non vuoi pagare più commissioni alle agenzie, dovrai fare aggiornamenti frequenti alle tariffe e spingere sulle promozioni. Appuntati in quale posizione hai individuato il tuo immobile e verifica se la visibilità migliora o peggiora dopo aver lavorato sulle tariffe.

Se usi Airbnb, ricorda che gli immobili che vedi in piattaforma sono quelli che non vendono. Ragiona su questa importante sfumatura perché, se tutti gli immobili stanno cercando di affittare a prezzi troppo alti, allora significa che probabilmente il mercato è *stagnante* quindi l'offerta non soddisfa la domanda. In questo caso, dovrai riprendere in mano gli appunti sulla *tariffazione Zen*.

**Recensioni**

Quante recensioni stai ricevendo dai tuoi ospiti? Quante recensioni in rapporto alle prenotazioni? Hai affinato una tecnica per convincere gli ospiti a lasciare un commento sulla tua attività?

Ricorda che oggi, oltre a TripAdvisor, ci sono anche Facebook e Google. Se hai un sito internet, in genere la prima recensione che vedono i clienti (se cercano la tua struttura online) è quella pubblicata da Google, poi potrebbero scorrere le recensioni pubblicate su Facebook e TripAdvisor.

La decisione di acquisto è influenzata dai commenti che leggeranno ma soprattutto dalla quantità di persone che hanno acquistato quel determinato prodotto e servizio.

È fondamentale riporre ogni possibile azione e impegno per convincere gli ospiti a lasciare una recensione. I commenti, le osservazioni e anche le critiche (nessuno è perfetto) costituiscono l'avviamento della tua struttura ricettiva. Più recensioni hai più prenotazioni otterrai.

È importante anche mantenere sempre un punteggio alto. Su Booking.com, in una scala da 0 a 10, sotto il 6.5 di valutazione complessiva io consiglio di cambiare nome alla struttura, rileggere bene tutte le critiche e ripartire con il piede giusto. Airbnb, in una scala da 0 a 5, quando l'annuncio raggiunge 3 stelle, viene automaticamente sospeso e oscurato dal sistema.

È provato da uno studio della "Psycological Science" che le

persone preferiscono un prodotto/servizio con molte recensioni e un punteggio mediocre (per me mediocre è 6,5) piuttosto che un prodotto servizio con poche recensioni e un punteggio eccellente.

La prima cosa da fare (se non l'hai già fatto) è dunque creare una strategia per aumentare il numero di recensioni sui tuoi canali di vendita. Anche le agenzie online prendono questo parametro come valido e quindi lo usano come algoritmo per farti salire in classifica.

Per motivare gli ospiti a lasciarti una recensione puoi inviare una lettera qualche giorno dopo il check-out. Ecco la lettera che io invio ai viaggiatori di lingua inglese:

"My name is Andrea, I am responsible for Guests relationship department. We hope that your stay at xxx has been both relaxing and enjoyable. On behalf of the entire team I would like to thank you for choosing our vacation home for your holiday here in amazing xx.

We are striving to improve our service we need to monitor how we are performing so could you please help by taking a few minutes to complete the review that you will receive from your Agent in the next days.

I would really appreciate if you can repeat your review on our Facebook page; please click here to write your comments: link.

Your feedback is utmost importance to us and we do act on all suggestions and comments".

Ti sembrerà scontato, ma ovviamente dovrai riporre molta attenzione ai commenti degli ospiti e cercare progressivamente di eliminare tutte le lamentele e i commenti negativi, migliorando la qualità del servizio.

**Promozioni**
Se il numero di prenotazioni che stai ricevendo è basso, puoi lavorare anche sulle promozioni. Le agenzie di viaggio online hanno dati e informazioni sulla domanda e tariffe medie di prenotazione che spesso usano per spingere gli operatori a fare sconti, riduzioni, promozioni.

Airbnb propone di usare "I Prezzi Smart" per impostare automaticamente i prezzi in base alla domanda. Il dato fornito è certamente molto interessante perché dice a quale prezzo si stanno chiudendo transazioni. Il solo limite di questo algoritmo è che il calcolo aritmetico non tiene conto dell'estetica ed eventuale unicità dell'immobile e della domanda generata da altre piattaforme.

Airbnb spesso suggerisce ai padroni di casa di sbloccare date o offrire prezzi speciali per determinati intervalli di tempo. Altre agenzie danno la possibilità di impostare sconti e promozioni per il *last minute*, per le prenotazioni *early bird* (prenotazioni confermate con largo anticipo rispetto alla data di arrivo) e in base alla durata del soggiorno.

Accettare i consigli delle agenzie indubbiamente contribuisce ad aumentare la visibilità e il numero di prenotazioni confermate.

**Flessibilità**

Tutte le agenzie danno la possibilità di scegliere tra politiche di cancellazione rigide, moderate, flessibili. Nei periodi di bassa stagione, quando la domanda è modesta, ti consiglio di scegliere una politica di cancellazione flessibile, promuovendo le tariffe rimborsabili e parzialmente rimborsabili. Certamente registrerai un aumento delle cancellazioni, ma il netto delle prenotazioni andate a buon fine indubbiamente aumenterà.

**Aggiornamenti frequenti**

Ci sono grandi alberghi che aggiornano la tariffa ogni minuto perché gli aggiornamenti sono recepiti positivamente dalla piattaforma e contribuiscono ad aumentare il *ranking* (visibilità).

Gli aggiornamenti come sempre riguardano modifiche alle tariffe, ribassi, promozioni o offerte speciali e nella maggior parte dei casi sono gestiti da un software secondo parametri e algoritmi definiti dal *Revenue management.*

**Disintermediazione**

Controlla il rapporto che c'è tra il fatturato generato dalle Ota e quello generato da prenotazioni dirette. Una buona struttura ricettiva non dovrebbe mai produrre più del 50% delle prenotazioni attraverso le agenzie. Questo parametro può essere molto alto nei primi mesi di attività, ma dovrà poi progressivamente ridursi.

Come abbiamo visto nel capitolo del marketing diretto, per disintermediare occorre creare una propria identità forte.
Creando un'identità, un marchio e una propria immagine si potrà commercializzare la struttura autonomamente per non rischiare di avere le vendite monopolizzate dai canali. Questa strategia ci consentirà di ridurre il costo commissioni e ti permetterà di aumentare progressivamente le tariffe.

**Numero richieste e preventivi**
Un altro indicatore importante è il numero di preventivi e richieste che ricevi ogni giorno. In ambito digitale, potrebbe trattarsi di email ma sempre più frequentemente le richieste arrivano attraverso i social e le chat mentre, in ambito tradizionale, sono le telefonate dei clienti o dei segnalatori locali a fornirti feedback.

Tale parametro è da tenere osservato perché offre una guida sulla qualità del marketing diretto. Se per una struttura ricettiva non ricevi almeno 4/5 richieste di preventivo al giorno allora significa che quest'area è tutta da riprogettare.

# Capitolo 12:
# Come espanderti efficacemente

A questo punto, se il primo modello di business ha funzionato se i primi clienti sono soddisfatti e i numeri lo confermano, potrai decidere se e come *espanderti*.

Credo tu comprenda che quasi tutti i modelli che ho fornito sono in qualche modo correlati e collegati. È, infatti, impensabile avviare un progetto *Asset building* senza aver prima maturato forti competenze nel settore ricettivo, e può essere troppo rischioso acquistare un immobile con la *leva del credito* quando non si ha la certezza di generare affitti e prenotazioni sufficienti a ripagare il mutuo.

Per chi inizia da zero, fare esperienza con il *management* è strategico poiché si ottengono dati e informazioni utili a comprendere quali siano i livelli di occupazione, i flussi di cassa e, ovviamente, i costi concernenti la gestione.

Con un reddito consolidato, il passaggio successivo potrebbe essere quello di trasferire l'attenzione sul *Vuoto per pieno* o iniziare a fare qualche piccola operazione immobiliare usando la *leva del credito* o il *Rent to Buy*.

In ogni caso, passare da Co-host o proprietario di una piccola struttura ricettiva, alla gestione di più immobili, implica non poche complessità e rischi, quindi è sempre opportuno chiedersi se sia arrivato davvero il momento per fare il salto e iniziare un processo di crescita.

La spinta a fare il grande passo verrà prevalentemente dal fatto che hai raggiunto i tuoi obiettivi e magari stai già rifiutando clienti e opportunità.

Espanderti significherà investire per crescere ma soprattutto imparare a delegare. Il problema della delega prima o poi lo soffrono tutti gli imprenditori e rappresenta uno dei veri primi ostacoli da superare.

Del resto, questo è uno dei punti cardine del tuo futuro

imprenditoriale, questo è il vero salto di qualità che dovrai fare se vorrai espanderti.

Nei primi anni della mia carriera imprenditoriale mi sono spesso sentito dire che la mia azienda valeva oro solo perché c'ero io a gestirla e, ingenuamente, interpretavo questo messaggio come un complimento, a conferma del fatto che io fossi indispensabile e insostituibile per i clienti, per il mio team ecc.

Con il passare degli anni, ho invece capito che questo era il mio grande limite quindi ho deciso di concentrarmi sulla delega e su modelli di crescita che non prevedessero la mia presenza in organigramma.

Ho conosciuto molte persone che si sono messe in proprio per ottenere la propria libertà e non doversi assoggettare alle decisioni e volontà di un capo ma che, alla fine, si sono ritrovate imprigionate in uno schema ancor più vincolante.

Molte persone si mettono in proprio con lo scopo di darsi un lavoro e quindi per loro, accettare che un imprenditore debba lavorare per *dare lavoro*, non è semplice.

L'azienda dovrebbe essere una macchina autonoma e indipendente che produce denaro e soddisfazioni, senza necessariamente che la proprietà ricopra ruoli all'interno dell'organigramma.

Nel patrimonio genetico dell'imprenditoria italiana c'è una visione ben diversa, più orientata al ruolo del tuttofare accentratore e titolare indispensabile dunque; uscire da questa convinzione psicologica è indubbiamente il primo passo da compiere. Fare è importante, saper fare è ancora più importante, ma per crescere occorre far sapere.

*Questo il ciclo della crescita:*
Fare -> Saper fare -> Far sapere

Lo scopo della delega è proprio far fare ad altri cose che tu sai già fare molto bene, in modo che tu possa occuparti di nuovi aspetti e far sì che l'azienda possa crescere ed espandersi. Dunque, cosa delegare e come delegare?

Puoi iniziare facendo una lista di tutte le funzioni che stai svolgendo e verificare quali di queste potresti delegare.

Uno degli errori comuni che si compiono quando si inizia il processo di delega è che si tende a trasferire ad altri le mansioni che non ci piacciono.

"Mi piace, non mi piace", non è certamente il parametro per decidere le deleghe. Ci sono funzioni strategiche che magari non ti piacciono ma che sono talmente importanti e delicate che non potrai mai delegare. Ho commesso questo errore in una delle mie prime aziende.

Ero un bravo commerciale, non avevo difficoltà a portare clienti a bordo ma l'amministrazione proprio non la capivo e non faceva per me, e così mi ritrovai ad avere dodici persone che lavoravano nel reparto amministrativo, a cui non sapevo dare risposte e delle quali avevo perso completamente il controllo.

L'amministrazione e il controllo di gestione sono tuttora gli aspetti che meno mi appassionano in azienda, pur tuttavia quelli ai quali dedico maggior tempo e attenzioni.

Dunque, le prime funzioni da delegare sono quelle che conosci molto bene, quelle per le quali puoi costruire una procedura che potrebbe essere eseguita anche da una persona con minori competenze e di cui puoi riprendere il controllo in qualsiasi momento.

Molti imprenditori pretendono di delegare aspetti che conoscono sommariamente e che magari non hanno mai gestito. Il collaboratore non solo si trova senza una guida ma, di fatto, è costretto ad assumere responsabilità decisionali che non gli competono.

Questo significa che per ogni aspetto che delegherai dovrai essere certo di poter fornire procedure ed eseguire controlli. Diversamente, evita di delegare.

Per delegare ci vogliono molta pazienza e tolleranza; il processo di delega prevede un momento di formazione e uno di accompagnamento. Prima di delegare una mansione, un compito, prenditi il tempo di scrivere un mansionario che descriva esattamente cosa ti aspetti dal collaboratore e quale sarà la sua funzione.

Scegli la persona in base alle competenze, non alla fiducia che la persona ispira. Questo in genere è il secondo errore. Il processo di delega si chiude con il controllo della mansione svolta da parte del collaboratore. Molti imprenditori delegano a persone che magari sono state presentate loro da amici e conoscenti e di cui pensano di potersi "fidare" ma poi le abbandonano, le lasciano un po' a loro stesse senza preoccuparsi di eseguire controlli.

Una delega senza controllo non è una delega. La fase di controllo serve a te per poter verificare che il collaboratore abbia compreso appieno il proprio ruolo e serve al collaboratore per confermargli che sta svolgendo i propri compiti correttamente.

Durante il processo di delega ti succederà spesso di pensare: "Se me ne occupo io, faccio prima". Corretto, è così. Se lo fai tu, lo farai certamente meglio e più velocemente, ma se lo insegni ad altri, arriverai più lontano e la tua azienda crescerà ogni giorno.

Ricordati cosa diceva Confucio: "Dai un pesce a un uomo e lo nutrirai per un giorno, insegnagli a pescare e lo nutrirai per tutta la vita".

In un progetto di crescita avrai spesso difficoltà a comprendere che il tuo ruolo si è modificato, sarai spesso tentato di indossare nuovamente il vecchio cappello e tornare a svolgere le vecchie funzioni. Hai cambiato mestiere, il tuo, adesso, è un ruolo di guida e di *coaching* e non ha più nulla a che vedere con il primo identikit di tuttofare.

La qualità della tua performance la dovrai misurare sul risultato ottenuto attraverso gli altri. Se gli altri hanno successo, è merito loro, se sbagliano, è colpa tua.

Sei pronto? Questa è l'arte della delega, questo significa fare gli imprenditori e questa è la base per poter crescere ed espandersi.

# Conclusione

Eccoci giunti alle conclusioni e considerazioni finali. Innanzitutto, grazie per aver letto il mio libro. Spero di essere riuscito a convincerti che il ramo degli affitti turistici, legato al segmento della micro ricettività, può offrire interessanti spazi per fare affari divertendosi.

Il mio obiettivo era fornirti spunti e informazioni per capire un po' meglio quale sia il "dietro le quinte" del settore e quali scenari esistano per chi è in cerca di nuove opportunità.

Spero anche di averti trasferito un messaggio tra le righe che dovrebbe riguardare non solo la tua sfera professionale ma anche quella dello sviluppo personale: *Il business, come la vita del resto, è un processo di miglioramento costante, fatto di autocritica e riprogettazione.*

Se hai compreso le regole del gioco e la struttura portante

costituita dal mondo dell'accoglienza e dell'ospitalità, certamente questa sotto-nicchia del settore turistico-immobiliare potrà darti grandi soddisfazioni e gratificazioni.

Il mio modello di business oggi è un modello misto, fatto di *management*, *vuoto per pieno*, *rental pool e asset building*. Il mio ruolo sta diventando sempre più quello di aiutare persone in cerca di lavoro, padroni di casa, e società immobiliari a entrare, migliorare e fare affari in questo settore.

Disegnare case, valorizzare ambienti e lavorare a contatto con il turismo e il settore immobiliare sono certamente la mia passione e il mio motore.

Vedere persone che apprezzano i miei progetti, si godono le vacanze in una casa pensata, progettata e costruita da me, è indubbiamente la più grande soddisfazione.

Se ti va di restare in contatto, se hai deciso di intraprendere un percorso nel settore degli affitti a breve, se hai bisogno di un aiuto per sviluppare il tuo business, o semplicemente se vuoi dirmi cosa ne pensi del libro, sentiamoci.

Mi trovi su:

1) facebook.com/andrea.angius.58

2) https://www.linkedin.com/in/andrea-angius-849240129/

3) http://www.affittiabreve.com/

4) https://holiplanet.com/

Se vuoi entrare a fare parte della nostra pagina segreta: "Fare Soldi con Airbnb", inviami un messaggio.

Buon lavoro!

Andrea Angius

# Ringraziamenti

Cosa sarebbe successo se quel giorno Michel e Jane non mi avessero "costretto" a entrare nel settore degli affitti turistici?

Forse non avrei venduto una casa, forse la mia vita sarebbe cambiata completamente; con certezza sarei rientrato in Italia e adesso non avrei due bellissimi bimbi con gli occhi a mandorla. Fu quella richiesta a tenermi in Asia per oltre 15 anni.

È davvero incredibile quanto un piccolo evento, una sola frase possano modificare il nostro destino. A quella simpaticissima coppietta canadese va dunque il mio primo grazie.

Praticamente, senza risorse economiche, seduto su un prato (sul quale sarebbero dovute sorgere le prime quattro ville), chiamai Enrico Bratta e lo convinsi a darmi una mano per inventarci un ruolo di *Property management*. Mi ricordò che fino al giorno prima si occupava di cappelletti e non ne sapeva nulla di gestione di immobili, ma ero convinto che ce l'avremmo fatta, quindi si fidò e basta; a lui, un altro grazie.

Facendo un piccolo passo indietro, il mio più grande ed enfatico grazie va allo tsunami che quel giorno decise di risparmiarmi e alla lezione di vita che mi trasferì. A Ta, la mia ex, e al mio collega Henk, che mi convinsero a comprare il primo fazzoletto di terra, va un grazie con la G maiuscola.

A tutto il team della Thailandia va un meritato grazie ma in particolare, un vero grazie, va a Marc Partiti – responsabile della filiale di Phuket – che tollera le mie sfuriate e si diverte a fare laboratorio tariffario insieme a me.

Alla mitica Boom Sariya, eccezionale assistente di cantiere e responsabile operativa, va un affettuoso grazie, senza di lei sarei spacciato.

Ad Andrea Di Muro, amico di vecchia data, esperto di credito bancario e responsabile della nuova filiale italiana Holiplanet, va un altro super grazie.

Per la stesura del libro ringrazio anche Susanna Eduini, nostra affezionata e creativa blogger, che mi ha aiutato per la ricerca sull'estero, il dottor Vieri Zannini dello Studio Zannini che mi ha supportato per la parte fiscale, e gli architetti Michela Galletti e Fosca de Luca per il confronto e lo scambio di idee sulla parte relativa *all'Home staging*.

Ovviamente, non possono mancare i ringraziamenti alla famiglia, perché la stesura di un libro richiede notti insonni e ruba tempo prezioso alla vita privata. A mia moglie Nui, che mi ha incoraggiato e cibato tra un capitolo e l'altro, e ai piccoli, che si sono goduti un po' meno il loro papà, spetta il penultimo grazie.

Infine, vorrei ringraziare mio padre per essere stato un grande esempio di ottimismo, determinazione e coraggio nella vita e per avermi convinto, ancora una volta, a non mettere nel cassetto questo importante progetto.